中公新書 2442

桃井治郎著

海賊の世界史

古代ギリシアから大航海時代、
現代ソマリアまで

中央公論新社刊

はじめに

海賊は、「人類共通の敵」といわれる。

たしかに、海賊は海上で船を襲い、沿岸の町を掠奪《りゃくだつ》し、人びとを殺し、連れ去り、富を奪い去る存在である。すべての人から憎まれるのも当然のことであろう。

しかし、よく考えてみると、世の中には、海賊を主人公とし、さらには海賊をヒーローとして描く小説やマンガ、映画などで溢《あふ》れている。こうした作品において、海賊は多くの人に愛され、親しまれているのである。これはいったいどういうことなのだろうか。

その答えは、海賊の歴史にある。

歴史的に見ると、海賊は常に人類共通の敵であったわけではない。それどころか、海賊は悪でもなんでもなく、むしろ、英雄的存在だった時代さえある。そうした歴史が、現代における海賊のイメージを形成しているのである。

本書では、古代から現代まで、海賊の変遷をたどっていく。

そこに登場するのは、エーゲ海を支配した古代ギリシアの海賊、アレクサンドロス大王にたてついた海賊、古代ローマを脅かした海賊、カエサルへの復讐《ふくしゅう》に生涯を賭けた海賊、破壊者として名を残した海賊、北欧から現れた海賊、ムスリム海賊、十字軍騎士団の海賊、オスマン帝国の大提督になった海賊、新大陸の富をねらう海賊、イングランド女王からナイトに叙勲された海賊、時代に翻弄されて縛り首になった海賊、海賊を裏切った海賊、伝説に残るカリブの海賊、地中海最後の海賊などである。

そして、本書では、こうした海賊の姿を描くと同時に、それぞれの時代に海賊がどのような存在として見られていたのかという点もあわせて検討していく。そこからは、現代のソマリア海賊のような犯罪者としての海賊とは異なる別の姿が見えてくるはずである。

さらに、海賊が時代に規定された面だけでなく、逆に、各時代において海賊がいかに歴史に影響を及ぼしたのか、海賊という存在をとおして、裏面から世界史を再読していきたいと考えている。

すなわち、それぞれの時代において、どのような海賊が存在したのか、人びとは海賊をどのように見なしていたのか、そして、海賊の存在が世界史をどのように動かしたのかを探ることが本書のねらいである。

なお、本書で描く海賊は、主に地中海、大西洋、カリブ海、インド洋の海賊であり、日本を含めた東アジアの海賊については扱えず、世界史の展開も西洋史が中心となる点は、あらかじめお詫《わ》びしておきたい。

それでは、歴史の上に現れた海賊について見ていくことにしよう。

英雄としての海賊、掠奪者としての海賊、征服者としての海賊、信仰者としての海賊、復讐者としての海賊、野心家としての海賊、冒険者としての海賊、事業者としての海賊、自由人としての海賊など、さまざまな時代のさまざまな海賊に注目しながら、古代から現代まで、世界史の歩みをたどっていこう。

目次

第6章　現代と海賊

第1章　海賊のはじまり

歴史の父ヘロドトス

紀元前五世紀、エーゲ海に面するイオニア地方のハリカルナッソス（現ボドルム）に、のちに「歴史の父」と称されるヘロドトス（前四八四頃～前四二五年頃）は生まれる。

当時のギリシア世界は、ペルシア戦争（前四九二～前四四九年）に伴う混乱期であった。ペルシア戦争とは、東方の大帝国アケメネス朝ペルシアがギリシア世界に侵攻してきた事件である。ポリスと呼ばれる都市国家からなるギリシア連合がペルシア帝国の攻勢をなんとかしのいだものの、ギリシアにとっては社会を根幹から揺るがす大事件であった。

ギリシアとペルシアという二大勢力に挟まれたイオニア地方に生まれたヘロドトスは、両世界の対立の起源をさかのぼり、ペルシア戦争の原因を探っていく。その成果として著したのが、全九巻に及ぶ『歴史（ヒストリア）』である。

ヘロドトスは次のように書いている。

本書はハリカルナッソス出身のヘロドトスが、人間界の出来事が時の移ろうとともに忘れ去られ、ギリシア人や異邦人《バルバロイ》の果した偉大な驚嘆すべき事蹟《じせき》の数々――とりわけて両者がいかなる原因から戦いを交えるに至ったかの事情――も、やがて世の人に知られなくなるのを恐れて、自ら研究調査したところを書き述べたものである。

（ヘロドトス『歴史』松平千秋訳）

ギリシア語のヒストリアには、もともと探究という意味があったという。そして、ヘロドトスの偉大さは、その探究が実に徹底していたことにあろう。

ヘロドトスはその生涯を通じてギリシアやエジプトなど地中海世界を広く旅して回り、各地でさまざまな逸話や物語を収集した。ヘロドトスの『歴史』は、マラトンの戦いやサラミスの海戦などペルシア戦争の諸場面が生き生きと描かれているばかりでなく、ヘロドトス自身が各地で聞き取った数多くの逸話に満ちている。ヘロドトスの時代から約二五〇〇年後に生きるわれわれは、『歴史』の記述によって、当時の人びとの生活や考え方などについてさまざまに思いをめぐらすことができるのである。

さて、そのヘロドトスが綴《つづ》った逸話のひとつに、サモス島の支配者ポリュクラテスの物語がある。そして、このポリュクラテスこそ、古代ギリシアの海賊王ともいえる人物なのであ

図1—1　ギリシア、エーゲ海の地図

る。ヘロドトス自身がポリュクラテスを「海賊」と呼んでいるわけではないが、海上で見境なく船を襲い、沿岸の町を掠奪して回るその姿は、現代のわれわれの感覚からいえば間違いなく海賊にほかならない。

ヘロドトスを「歴史の父」、すなわち歴史の始祖とするならば、その「歴史」の始まりの瞬間に、「海賊の歴史」も始まったといえよう。

それでは、古代ギリシアの海賊王ポリュクラテスとはどのような人物だったのか、ヘロドトスの記述から見ていこう。

古代ギリシアの海賊王

前六世紀、ポリュクラテスはエーゲ海南東部のサモス島に生まれる。サモス島は、交易の拠点として経済的に繁栄し、また、最高神ゼウスの妃《きさき》ヘラの誕生の地として宗教的にも文化的にも栄えた島であった。なお、ヘロドトスの出生地であるハリカルナッソスからは海を隔てて約一〇〇キロの距離にあり、ヘロドトス自身も青年期にサモス島に移り住んだことがあったという。

前五三八年、ポリュクラテスはサモス島で反乱を起こし、権力を握って支配者となる。ただし、ポリュクラテスの野望はサモス島を掌握するだけに留《とど》まらなかった。さらなる勢力の拡大を目指し、ガレー船団を編成してエーゲ海に進出するのである。

ヘロドトスは次のように書いている。

（ポリュクラテスは）サモス全島を制した後、エジプト王アマシスと友好関係を結び、互いに贈物を交換した。そして短時日の間にポリュクラテスの脅威は急速に増大し、イオニアはじめその他のギリシアにもあまねくその名が響きわたった。それも当然で、彼が兵を向けるところ、作戦はことごとく成功したのである。ポリュクラテスは五十橈船《かいせん》百隻、弓兵一千を擁し、相手が何者であろうと容赦なく掠奪行為をほしいままにした。友人に感謝されるには何も奪わずにおくよりも、奪っておいてそれを返してやる方がよいのだ、と彼は常々いっていた。彼が占領した島は多数に上り、大陸でも多数の町を占領した。

（前掲書。丸括弧内は筆者補記、以下同様）

五十橈船（ガレー船）一〇〇隻、弓兵一〇〇〇を擁したポリュクラテスのガレー船団は、周辺海域を支配し、エーゲ海の島々やイオニア沿岸の都市国家を征服していく。相手が誰であろうと容赦なく掠奪行為に及んだというポリュクラテスの振る舞いは、海賊そのものである。「友人に感謝されるには何も奪わずにおくよりも、奪っておいてそれを返してやる方がよいのだ」というポリュクラテスの言葉は、いかにも海賊が言いそうなセリフである。

なお、数学者として有名なピュタゴラスはこの時代のサモス島で生まれている。ピュタゴラスは青年期にエジプトで学ぶが、その際、ポリュクラテスからエジプトのアマシス王に宛てた紹介状を持参していたという。ただし、ピュタゴラスはポリュクラテスの独裁を嫌い、南イタリアに移住してしまう。そして、かの地で三平方の定理など幾何学的発見や学説を打ち立てるのである。

さて、各地で数々の掠奪行為に及び、エーゲ海に勢力を広げたポリュクラテスであったが、当然ながら、その傍若無人な振る舞いゆえに敵意を持つ者も現れる。ペルシア帝国の影響下

図1—2　ポリュクラテスの磔（サルヴァトル・ローザ作、1662年）（メトロポリタン美術館）

にあった都市サルディスの総督オロイテスも、そうした一人であった。

オロイテスは、ポリュクラテスに対して、その支配下に入りたいと言葉巧みに近づき、自らの町に誘い出す。そして、警戒を解いてわずかな兵のみでサルディスに赴いたポリュクラテスは、オロイテスの罠《わな》にはまり、殺害されてしまうのである。ポリュクラテスの死体はサルディスの町で磔《はりつけ》にされ、雨や強い日差しの下でさらされ続けたという。

ただし、ここで興味深いのは、ヘロドトスのポリュクラテスに対する評価である。ヘロドトスは、ポリュクラテスの海賊行為を糾弾するどころか、「海上制覇を企てた最初のギリシア人」として「高邁《こうまい》な志」を持ち、「ギリシアの独裁者中、その気宇の壮大なる点においてポリュクラテスに比肩しうるものは一人だにない」と賞賛しているのである。ポリュクラテスの死に対しても、「(その人物に)ふさわしからぬ無残な最期」であると表現している。

ポリュクラテスの海賊行為に対して寛容ともいえるヘロドトスのまなざしは、のちに見るように、古代ローマの哲学者キケロが「海賊は人類共通の敵」と冷たく言い放った態度とは大きな隔たりがある。

ギリシア神話の海賊

古代ギリシアにおいて海賊行為をしていたのは、なにもポリュクラテス一人というわけではない。それどころか、ヘロドトスの『歴史』に先立つギリシア神話においては、登場する英雄たちが海賊となって掠奪行為を繰り返しているのである。

たとえば、ホメロスの『イリアス』に登場する英雄アキレウスは、「私が　船を率いて攻め取った人々の町は　一二にもなる、／……その町々の何《いず》れからも　みな沢山に、立派な宝物を／分捕って来て、しかも残らずアトレウスの子のアガメムノーンに／渡してやった」(呉茂一訳)と自らの掠奪行為について、その成功談を誇らしげに語っている。

また、同じくホメロスの『オデュッセイア』では、英雄オデュッセウスが「(キコネス族の国にたどり着き)私は城市《しろまち》を攻略し、市民らを掃蕩《そうとう》したのち、／市中から婦女たちや、たくさんな財物などを奪い取って、仲間うちで／分配しました」(呉茂一訳)と、海賊行為を当

図1―3　（雄牛に化したゼウスによる）エウロペの掠奪（ティツィアーノ・ヴェチェッリオ作、1562年）（イザベラ・スチュワート・ガードナー美術館）

然のことのように語っている。

そもそもギリシア神話では、父神ゼウスをはじめとして神々によるさまざまな掠奪行為が描かれている。ゼウスが各地で女性を奪うエピソードは、繰り返し何度も登場する。そして、そうした掠奪行為は恥ずべき悪業としてではなく、むしろ神々の力の絶対性を示すエピソードとして描かれているのである。いうなれば、力の行使は神々の絶対性を示す表現なのである。

このことから考えれば、アキレウスやオデュッセウスなどの英雄による海賊行為の描かれ方にも説明がつく。英雄たちは、神々に寵愛《ちょうあい》され、力を与えられているからこそ、大それた行為をなしうるのであり、その意味で、海賊行為は神々との親密さを示す証《あか》しとなるのである。

すなわち、力によって相手を圧倒して掠奪を行うことは、力を持つ者（＝神に近しい者）のみが行いうる行為として、英雄たちにとってはむしろ誇らしい行為となる。先に見たヘロドトスによるポリュクラテスへの評価にも、そうした海賊観が継承されていると考えられる。

クレタの海上支配

さて、時代は前後するが、前二〇〇〇年頃に栄えたクレタ文明は、王を意味するミノスという名称からミノア文明とも呼ばれる。伝承によれば、エーゲ海で最古の海軍を組織したのはクレタの王であったという。

ヘロドトスと並ぶ古代ギリシアの歴史家トゥキュディデスは、『戦史』において次のように書いている。

伝説によれば、最古の海軍を組織したのはミーノースである。かれは現在ギリシアにぞくする海の殆《ほと》んど全域を制覇し、キュクラデス諸島の支配者となった。……かれは、勢力の及ぶ限りの海域から海賊を追払い、収益の道を拡大することに努力した。

というのは、その昔ギリシア人や、異民族の中でも大陸の沿岸や島嶼《とうしょ》に住んでいた者たちは、舟で海をわたってたがいに頻繁に往《ゆ》き来しはじめると、海賊行為を働くようになったからである。仲間の首領を指揮者にいただき、かれらは自分の利益や家族たちをやしなう糧《かて》をもとめて、城壁の守りもなく村落のように散らばったポリスを襲い掠奪をおこなった。かれらはこのような所業に廉恥の心はおろか、むしろこれこそ真の名声を

図1―4　前6世紀頃にアテネで作られたカップ（ガレー船の海賊が商船を襲う場面が描かれている）（大英博物館）

もたらす所以《ゆえん》と信じて、ここに生活の主源をもとめていた。

（トゥーキュディデース『戦史』久保正彰訳）

トゥキュディデスによれば、クレタの王が世界最古の海軍を組織して周辺海域から海賊を一掃し、その結果、クレタは収益の道、すなわち海上貿易で繁栄したという。

クレタ文明の時代には、エジプトや南イタリアなど広く地中海交易が行われていたことが考古学的調査で知られているが、その繁栄は地中海における海賊の鎮圧と航路の安全によって支えられていたと考えられる。

ただし、この「ミノアの平和」ともいえる海洋秩序も長く続いたわけではない。北方民族アカイア人の侵入などにより、クレタ文明が崩壊すると、エーゲ海の秩序は崩れ、再び海賊が跋扈《ばっこ》するのである。先に見たギリシア神話やヘロドトスの『歴史』に描かれたポリュクラテスの時代は、このような海賊時代であった。

なお、強力な海洋秩序が形成されると海賊が退潮し、海洋秩序が崩壊すると海賊が台頭するという図式は、こののちの歴史でも繰り返されることになる。

大王と海賊

前四世紀、マケドニア王アレクサンドロス（在位前三三六～前三二三年）は、ギリシア軍を率い、ダレイオス三世（在位前三三六～前三三〇年）のアケメネス朝ペルシアの領土に侵攻する。そしてついには、東方の大帝国ペルシアを滅ぼすのである。アレクサンドロス大王が征服した領土は、ギリシアから地中海沿岸のシリア、エジプト、東方のペルシア、中央アジア、インダス川流域にまで及んだ。

図1―5　アレクサンドロス大王のモザイク画（ナポリ国立考古学博物館）

当時のギリシア人の地理的な世界認識は、東はインド、西はジブラルタル海峡までであり、世界の文明はギリシア世界とペルシア世界のみであると考えられていた。つまり、東方遠征によってペルシア帝国を滅ぼしたアレクサンドロス大王は、人類史上初めて「世界」を統一し、「世界帝国」を打ち立てた人物だと考えられたのである。

さて、その偉業を成し遂げたアレクサンドロス大王

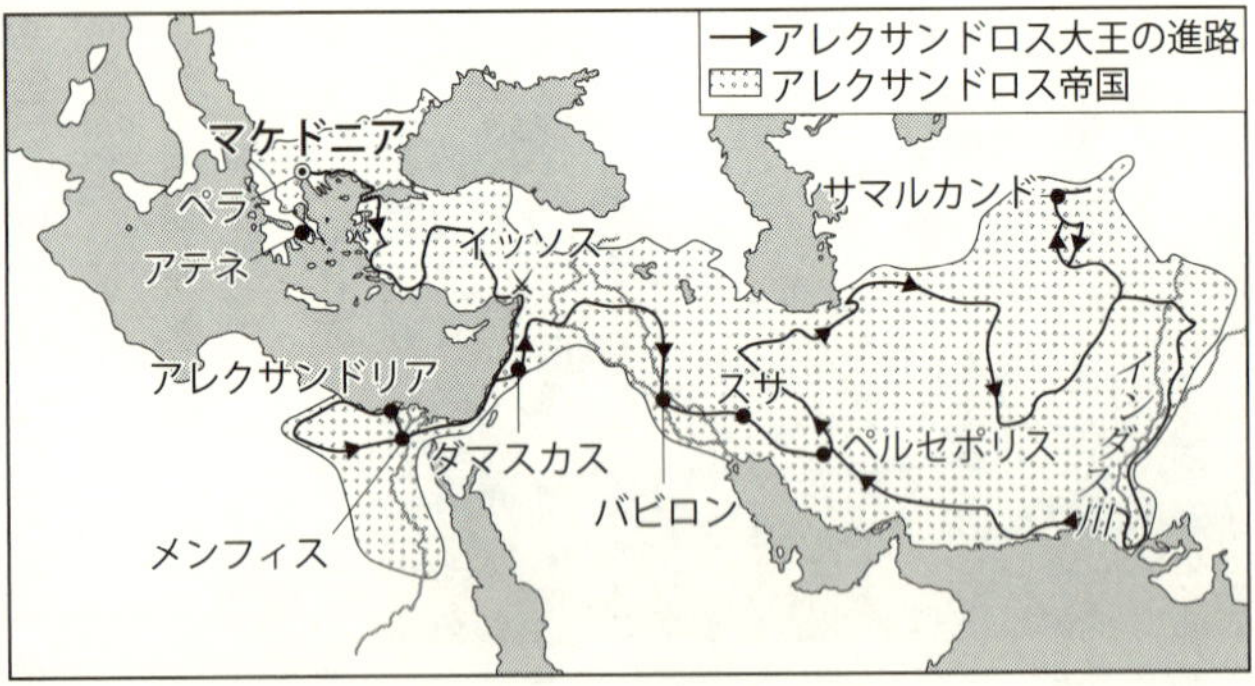

図1—6　アレクサンドロス大王の東方遠征

に関し、一風変わった「大王と海賊」というエピソードが残されている。大王は、東方遠征の途上、地中海や黒海の海賊を鎮圧し、多くの海賊を捕らえたが、ある海賊とのやりとりが逸話として伝わっているのである。

世界史に名を残す偉大なアレクサンドロス大王と名もない海賊という不思議な組み合わせのやりとりは、古代ローマの哲学者キケロが自著のなかで言及し、のちに、キリスト教神学者の聖アウグスティヌスが『神の国』のなかで引用している。

大王と海賊のやりとりについて、アウグスティヌスの記述を見てみよう。

（ある海賊が捕らえられ、アレクサンドロス大王の前に連れてこられた。）大王が海賊に、「海を荒らすのはどういうつもりか」と問うたとき、海賊はすこしも臆するところなく、「陛下が全世界を荒らすのと同じです。ただ、わたしは小さい舟でするので盗賊とよばれ、陛下は大艦隊でなさるので、皇帝とよばれるだけです」と答えたのである。

（アウグスティヌス『神の国』服部英次郎訳）

捕らえられた海賊は、かのアレクサンドロス大王を前に、大胆不敵にも、自分がやっていることは大王がやっていることと本質的に同じであり、一方は大艦隊で行うので皇帝と呼ばれ、他方は小さい舟で行うので海賊と呼ばれているだけだと言い放ったのである。

この逸話は、単なる歴史上のエピソードを越えて、普遍的な政治学のテーマである力と正義の問題をわれわれに投げかける。はたして、大王と海賊の行為には、どこに違いがあるのかと提起するのである。そのため、この短い逸話は、キケロやアウグスティヌスなどさまざまな時代の人びとを刺激し、繰り返し取り上げられてきた。

現代においても、言語学者であり政治評論家であるノーム・チョムスキーが、アメリカ外交についての評論集『海賊と帝王』でこの話を引用している。チョムスキーは、超大国アメリカの外交と国際テロリズムの関係を、大王と海賊の関係になぞらえている。すなわち、大王と海賊の関係と同様に、アメリカの覇権的な外交と国際テロリズムには、暴力性という共通項が存在しており、その意味で両者は同等であると示唆するのである。もちろん、チョムスキーの主張のねらいは、テロリズムの擁護ではなく、超大国アメリカの覇権外交という国際政治に潜む暴力性を可視化しようとするものである。

なお、現代のテロ問題を語る際に海賊の歴史を引き合いに出すのはチョムスキーばかりではない。歴史上の海賊と現代のテロリズムを重ね合わせる思考がなにを意味するかについては、のちに考えることとし、まずは再び古代の海賊に話を戻そう。

カルタゴとローマ

古代フェニキア人は、前一二〇〇年頃から、東地中海沿岸のレバノン周辺で高度な文明を築いてきた。豊富な木材資源を用いて造船技術を発達させたフェニキア人は、自ら船を操って地中海交易に乗り出し、各地に寄港地を開いていく。そのひとつが北アフリカのカルタゴであった。

伝承によれば、前八一四年、王朝内の争いによって本国を追われたフェニキアの王女が現在のチュニジア北部のカルタゴにたどり着き、以来、カルタゴはフェニキア人の植民都市として発展したという。

その後、カルタゴは本国から独立し、西地中海沿岸に寄港地を築きつつ、活発な交易活動を展開する。主な交易品は、錫《すず》や鉛、銅などの金属類、小麦などの食料品、織物や象牙細工などの奢侈品《しゃしひん》であったという。東地中海、西地中海、アフリカという三つの文化圏が交差する地点に位置するカルタゴは、各地からもたらされる産品の交易で発展していく。

同じころ、地中海北岸では、のちにカルタゴのライバルになる都市国家ローマが誕生した。

伝説の王ロムルスがローマを創建したのは、前七五三年であったと伝えられる。前五〇九年には、エトルリア人の王を追放して共和政ローマが誕生し、前三世紀前半にはイタリア半島全域を支配するに至る。

のちに三度にわたって戦うことになるカルタゴとローマであるが、両国は当初から対立していたわけではない。それどころか、西地中海に進出してきたギリシア勢力に対抗するため、前六世紀から前四世紀にかけて両国は同盟を結んでいる。この時点ではまだ、西地中海で活発な交易を行う海洋国家カルタゴとイタリア半島に支配地を広げる領域国家ローマの間で調和が保たれていたのである。

しかし、前二六四年、両国はついに衝突する。第一次ポエニ戦争と呼ばれるこの戦争は、両国の中間に位置するシチリア島での争いがきっかけであった。シチリア島から始まったカルタゴとローマの衝突は、地中海の覇権を賭けた全面戦争へと展開する。

ローマ軍はシチリア島南部に進軍し、諸都市を占拠していくが、海上においては海洋国家であるカルタゴが優勢であった。機動力を活《い》かしたガレー船団の活躍によって、カルタゴ艦隊はローマ艦隊を撃破していくのである。

なお、ガレー船とは、櫂《かい》（オール）を主な推進力とする船で、速力を増すため、漕《こ》ぎ手が三段に座る三段櫂船が古代ギリシア時代に開発された。漕ぎ手の多くは、奴隷や罪人、外国人捕虜などで、過酷な労働条件の下で使役された。

そして、古代における海戦は、ラムと呼ばれる体当たり用の衝角を船首に据えたガレー船で相手の船腹に突進する戦法が用いられ、高速で小回りのきく小型ガレー船が戦いの主力であった。地中海では、あとに見る一六世紀のレパントの海戦まで、このガレー船による戦いが続いた。

機動力に優れたカルタゴ艦隊によって海上輸送路を断たれ、窮地に陥ったローマは、未熟な操船技術を補うため、船首に敵船に乗り込むための渡し橋となるコルウスと呼ばれる装置を開発する。海戦を陸戦同様の白兵戦に持ち込む戦術をとったのである。

さらに、多数のガレー船を新造したローマは、前二四一年、アエガテス諸島沖の海戦でカルタゴ艦隊を打ち破る。海戦に敗れたカルタゴは降伏し、シチリア島やコルシカ島、サルデーニャ島を割譲するとともに、ローマに対する巨額の賠償金の支払いを課せられた。こうして、第一次ポエニ戦争の結果、ローマは海外進出を果たし、地中海帝国ローマへの歩みを始めるのである。

ただし、カルタゴの側も反撃を準備する。第一次ポエニ戦争で活躍したハミルカル・バル

図1—7　ガレー船のモザイク画（チュニス・バルドー国立博物館）

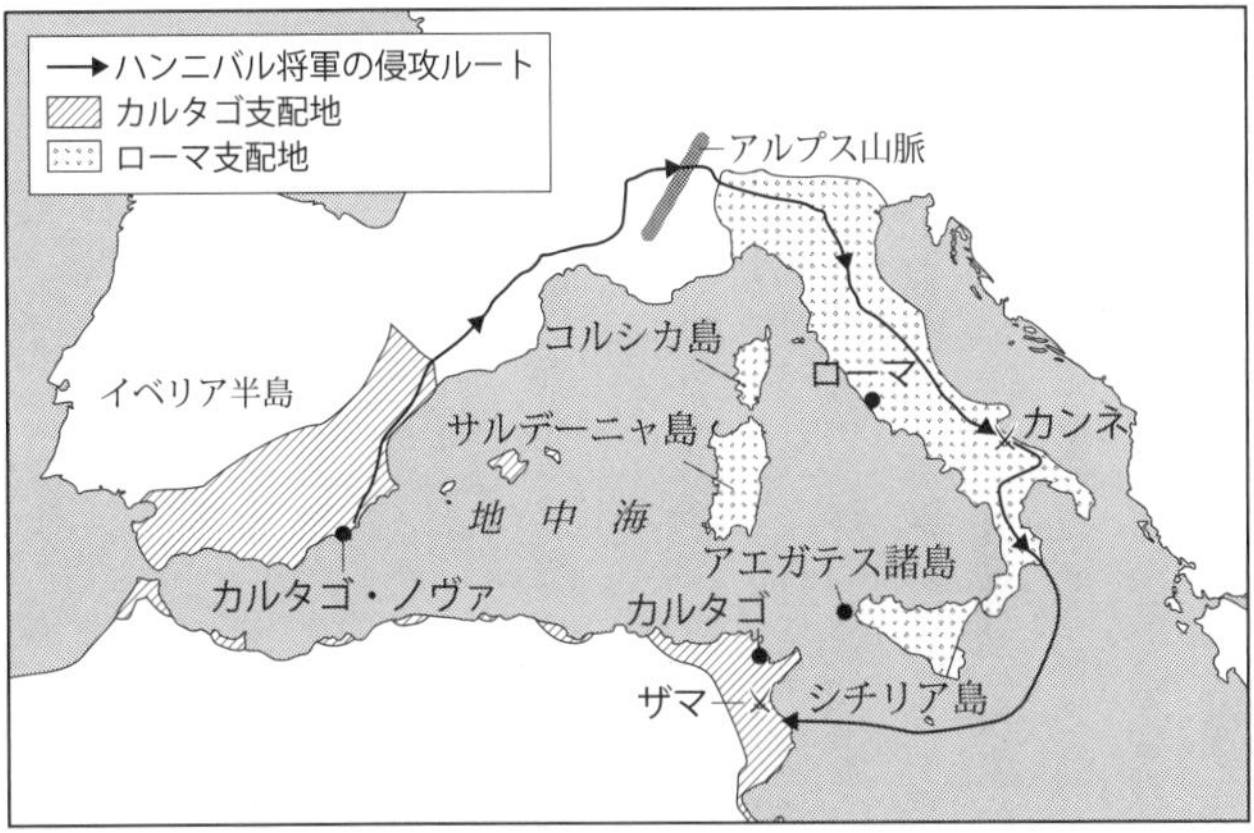

図1―8　カルタゴとローマの勢力図（第2次ポエニ戦争時）

図1―9　ハンニバル将軍（ナポリ国立考古学博物館）

カ将軍がイベリア半島に渡って新たな植民都市を築き、ローマを倒すために軍を養成するのである。ハミルカル将軍が死んだあと、息子のハンニバルがその遺志を受け継ぐ。

前二一八年、ハンニバルは満を持してローマへの戦いを開始する。ただし、ハンニバルが選んだのは驚くような作戦であった。軍を率いてアルプス山脈を越え、陸路でローマを目指したのである。

ハンニバル率いる軍は、多くの犠牲を払いながらもアルプス山脈を越え、イタリア半島に侵入する。そして、前二一六年、カンネの戦いにおいて、卓越した戦術でローマ軍を敗走させるのである。このあと、ハンニバルはローマへの離反を各都市に呼びかけながら、軍を率いてイタリア半島を縦断する。

一方、将軍スキピオ率いるローマ軍は、イタリア半島内に留まるハンニバル軍を攻撃する代わりに、カルタゴ本土に侵攻する。本国を直接攻めるというのは、ハンニバルの作戦のお返しであった。ハンニバルは本国の危機に呼び戻され、イタリア半島からの撤退を余儀なくされた。このときすでに、ハンニバルはカルタゴの敗北を悟っていたといわれる。

前二〇二年、北アフリカ・ザマでの戦いで、ハンニバル率いるカルタゴ軍はローマ軍に敗れ、降伏する。

この第二次ポエニ戦争での敗北の結果、カルタゴは本国以外のすべての海外領土を喪失し、さらに軍船の放棄、五〇年に及ぶ巨額の賠償金の支払いなど、ローマが求めるすべての条件を受け入れた。カルタゴの港では五〇〇隻以上のガレー船が焼き払われたという。

それでもなお、カルタゴは立ち上がる。活発な交易活動によって再び繁栄を取り戻すのである。五〇年払いの賠償金も、わずか一〇数年で払い終えたという。

カルタゴの度重なる復活を目の当たりにしたローマは、「デレンダ・エスト・カルタゴ（カルタゴは滅びなければならぬ）」を合言葉に、前一四九年、第三次ポエニ戦争を仕掛ける。

ローマは、圧倒的な軍勢でカルタゴを包囲し、町を一七日間にわたって焼き尽くすなど徹

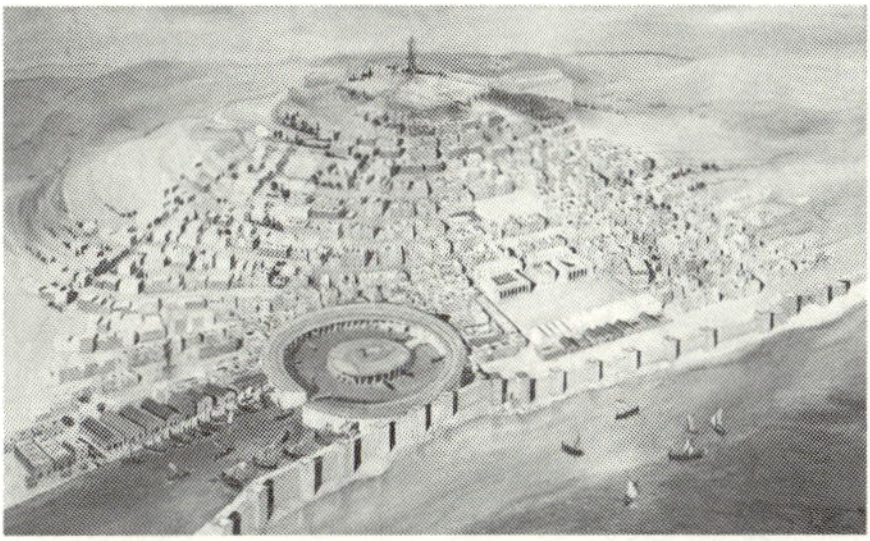

図１―10　カルタゴのイメージ図（左下が商業港、中央円形部分が軍港、上がビュルサの丘）（カルタゴ博物館）

図１―11　カルタゴ港の跡地

図１―12　カルタゴ・ビュルサの丘

底的な破壊を行う。ローマ軍は、生き残った約五万人のカルタゴ住民を奴隷とし、焼け跡には草木も生えぬようにと塩をまいたという。

こうして、西地中海で栄華を極めたカルタゴは滅亡し、その地はローマの属州アフリカとなった。

宿敵カルタゴを滅ぼしたローマにとって、いまや地中海に敵はなく、その支配は揺るぎないものとなるはずであった。しかし、実際にはまだ、最後の敵がローマの前に立ちはだかっていたのである。その敵とは、東地中海に拠点を置く海賊であった。

キリキア海賊とカエサル

かつてキリキアと呼ばれたトルコ南部沿岸は、天然の良港を備えた小島や入り江が点在し、海賊にとって絶好の地理的条件が整っていた。そして、このキリキア地方を拠点とする海賊が地中海で掠奪行為を繰り返していたのである。

ローマ時代の歴史家プルタルコスは、前一世紀頃のキリキア地方の海賊について、次のように記している。

彼らはもはや、航海者を襲うばかりではなく、島々や沿海の都市までも劫掠《ごうりゃく》するようになった。……海賊船の碇泊地《ていはくち》は到《いた》る所に設けられ、壁で守られた狼煙台《のろしだい》も随所におかれていた。そこに姿を現わす海賊船団は、優秀なる乗組員、すぐれた腕を誇る操縦者、迅速軽快な船舶をもって日ごろの営みに備えたばかりでなく、黄金の帆柱や、緋色《ひいろ》の幕、銀を張った橈《かい》などすら有し、そのさまたるや、悪行に耽《ふけ》る自我を誇るかのごとくであり、恐ろしさよりもむしろ憎々しさ、厚顔さをもって人を不快ならしめた。また彼らは、海岸という海岸で宴を張り、糸竹に興じ、あるいはローマの武将を拉致《らち》し、あるいは占領した都市から身代金をとるなど、ローマの支配権を侮辱する振舞いを数かさねた。かくて海賊船の数は千を超え、彼らに占領された都市は四百を算するに到った。それまで神聖にして不可侵のものとされていた諸神殿も、彼らに襲われて破壊された。

（プルタルコス「ポンペイウス」吉村忠典訳、村川堅太郎編『プルタルコス英雄伝　下』）

プルタルコスが叙述するとおり、キリキア海賊は地中海においてわがもの顔で掠奪行為を重ね、四〇〇もの都市を征服し、ローマ船やローマ市民もその犠牲となっていた。

キリキア海賊によって囚《とら》われの身となったローマ人の一人に、若き日のユリウス・カエサル（前一〇〇頃～前四四年）がいる。英語読みでジュリアス・シーザーとして知られるローマの英雄である。カエサルは、ロードス島での遊学を終えてローマに戻る途中、キリキア海賊に襲われ、捕囚されたのである。

ただし、のちにローマの将軍として活躍するカエサルの場合は、おとなしく海賊のいうことを聞くような従順な捕虜ではなかった。プルタルコスは、カエサルとキリキア海賊のやりとりを次のように伝えている。

彼（カエサル）は最初、海賊から身代金二十タラントンを要求されると、お前たちは一体だれを捕えたのか知らずにいるのだとあざ笑い、自分の方から五十タラントンやると約束した。それから、金の調達のために自分の部下の者をそれぞれ各地の町々につかわし、その間、側近の友一人と従者二人をつれて、この世でもっとも残忍な人間として知られたキリキア人のなかに残っていたが、相手を小馬鹿にした態度をとり、自分が眠ろうとするたびに人をやって、連中に黙るよう命じたほどであった。こうして三十八日の間、カエサルは、監禁されているというよりも護《まも》られているという風にして、すこしも物おじすることなく、一緒にゲームを楽しんだり、共に体育訓練をしたりしていた。そして、詩や演説をいくつか物しては、彼らを聴衆にしたてたが、褒めないものには面とむかって無学盲目の輩《やから》とか野蛮人めとか呼び、笑いながら、しばり首にするぞと脅すこともしばしばあった。しかし、相手は面白がって、この遠慮のない言葉を一種の無邪気な冗談程度に考えていた。（プルタルコス「カエサル」長谷川博隆訳、前掲書）

カエサルは、三八日間の捕虜生活ののち、部下が調達してきた身代金と引き替えに解放されたが、そのあとおずおずとローマに戻るというわけではなかった。すぐさま近隣の港に出向いて船団を編成すると、海賊の停泊地に向かい、キリキア海賊たちを一網打尽にするのである。そして、「しばり首にするぞ」というかつての予告のとおり、海賊たちを磔にして処刑してしまう。これが、プルタルコスが伝える青年カエサルの武勇伝である。

英雄伝として出来過ぎともいえるこの逸話の真偽は別にしても、当時の地中海においてキリキア海賊が暗躍していたのはたしかであろう。実際、キリキア海賊の問題は、ローマの体制を揺るがす深刻な事態になっていたのである。

ポンペイウスの海賊鎮圧

ローマにとって問題だったのは、アフリカなどの属州からローマへの穀物輸送船がキリキア海賊に襲われ、ローマ市民への食糧供給に多大な影響が及んでいたことである。パンの供給が滞って市民の不満が募れば、政治的にも不安定化する恐れがあることから、ついにローマは、徹底的な海賊対策に乗り出す。その指揮官に選ばれたのは、名将として知られた将軍グナエウス・ポンペイウス（前一〇六～前四八年）であった。

前六七年、ローマ元老院は、ポンペイウスに海賊鎮圧の全権を託し、地中海と沿岸全域に及ぶ強力な指揮権を委ねる。総司令官となったポンペイウスは、軍船五〇〇隻、歩兵一二万、騎兵五〇〇〇など、大部隊の編成を行う。独裁者の出現を危惧し、権力の集中を嫌った共和政ローマが、一人の人物にかくも巨大な権限を与えるのは異例の出来事であった。

そして、ポンペイウスは、その場しのぎの対症療法的な作戦ではなく、海賊の活動基盤そのものを破壊する徹底的な鎮圧作戦を実行する。

ポンペイウスは、まず、地中海全体を一三の海域に分けると、海域ごとに副官を任命し、海賊の鎮圧にあたらせた。そして、各船団は海上での掃討作戦だけでなく、海賊の拠点となっていた港に対しても大規模な攻撃を加えるのである。

ただし、ポンペイウスは、抵抗する海賊に対しては徹底的に攻撃したが、投降する海賊に対しては特赦を与えたため、多くの海賊が戦わずしてポンペイウスの軍門に降《くだ》り、ローマの艦隊に加わった。その結果、西地中海では、わずか四〇日余りで海賊は姿を消すこととなった。

西地中海を制圧したポンペイウスは、艦隊を率いて東地中海へと向かう。もちろん、最終的な攻撃対象はキリキア海賊であった。ポンペイウスは、抵抗するキリキア海賊に正面作戦を仕掛けて攻撃する。この海戦で殺害された海賊は一万人以上、捕虜となった海賊は二万人以上にも及んだという。

海戦が終わると、ポンペイウスは、キリキア海賊たちが再び海賊の生活に立ち戻ることがないように、内陸地に土地を与え、移住させた。海賊たちを海の生活から切り離したのである。

名将ポンペイウスの作戦はことごとく成功し、長年、悪名を轟《とどろ》かせたキリキア海賊は消滅する。そして、わずか三ヵ月余りで地中海の海賊の掃討に成功したポンペイウスは、ローマの英雄となるのである。

このあと、ポンペイウスはダーダネルス海峡を越えて黒海《こっかい》へと進み、海賊を支援していたポントス王国を攻撃し、征服する。

こうして、ポンペイウスの活躍により、国家であろうと海賊であろうと、ローマに対抗する勢力は地中海から一掃された。「パクス・ロマーナ（ローマの平和）」の到来である。地中海は、ローマにとって「マーレ・ノストルム（我らが海）」となり、地中海帝国ローマが誕生した。

ローマ最後の海賊

地中海の海賊を一掃したポンペイウスは元老院の決定に従い、軍を解散してローマに帰還する。その凱旋式《がいせんしき》はかつてないほど盛大であったという。しかし、不朽の名声を手に入れたかに見えたポンペイウスであるが、晩年、思いもかけない運命に翻弄される。その運命とは、同時代のもう一人の英雄カエサルとの対立である。

ガリア地方（現フランス）への遠征を指揮していた将軍カエサルは、約八年に及ぶ戦いの末、前五二年にアレシアの戦いに勝ち、ガリア地方を平定した。カエサルもまた、ローマの英雄となったのである。

しかし、ローマ元老院と対立していたカエサルは、前四九年、元老院からの指示を無視し、軍を率いたままルビコン川を渡る。それは、ローマ元老院との衝突、すなわち内戦の始まりを意味していた。

カエサルのローマ進軍という共和政の危機に対し、元老院が頼ったのは、かつての英雄ポンペイウスであった。こうして、ポンペイウスは、元老院派の指揮官となってカエサル軍と戦うことになったのである。しかし、前四八年、ポンペイウス率いる元老院派の軍は、ファルサロスの決戦でカエサル軍に敗れ、最後はポンペイウス自身もエジプトで暗殺された。

その後の歴史はよく知られているとおりである。カエサルは、終身独裁官になったものの、前四四年、独裁を嫌う共和派議員たちによって暗殺された。そして、カエサルの死後、部下のアントニウスと甥《おい》のオクタウィアヌスの権力争いが生じ、内戦を制したオクタウィアヌスが元老院からアウグストゥス（崇高なる者）という尊称を与えられ、実質的にローマの初代皇帝（在位前二七～後一四年）となるのである。こうしてローマは、共和政から帝政へと移行した。

なお、この激動の時代、歴史書に描かれることは少ないが、一人の人物が最後までカエサルやオクタウィアヌスに抵抗していた。その人物とは、ポンペイウス将軍の息子セクストゥス・ポンペイウスである。

ポンペイウス将軍がエジプトで暗殺されたあと、セクストゥス・ポンペイウスはイベリア半島に逃れ、カエサルへの抵抗を続けた。彼の下に集まったのは、ポンペイウス将軍がかつて味方に引き入れた海賊たちであった。

少ない戦力でカエサル軍に対抗するため、セクストゥス・ポンペイウスが取った作戦は、海上でローマの穀物輸送船を襲うという戦術であった。ローマを混乱に陥れて市民の離反を画策したのである。地中海の海賊を掃討したローマの英雄の息子が、海賊行為でローマに抵抗したというのは、なんとも歴史の皮肉である。

図1―13　セクストゥス・ポンペイウスの肖像のコイン

セクストゥス・ポンペイウスの試みは、一時的には成功を収めた。カエサルの死後、アントニウスと覇権を争っていたオクタウィアヌスが、セクストゥス・ポンペイウスに対して、シチリア、サルデーニャ、コルシカの三島の領有権を委譲することを条件に同盟を求めてきたのである。

しかし、ローマ船への襲撃を繰り返すセクストゥス・ポンペイウスに対して、前三六年、オクタウィアヌスはその討伐を決意し、シチリア沖の海戦でセクストゥス・ポンペイウスの船団を鎮圧する。戦いに敗れたセクストゥス・ポンペイウスは捕らえられ、最後はエーゲ海南東部のミレトスで処刑された。ミレトスは、かつてカエサルがキリキア海賊を磔にした地であり、対岸には古代ギリシアの海賊王ポリュクラテスのサモス島が位置するという古代の海賊に縁の深い土地であった。

そして、ローマ最後の海賊ともいえるセクストゥス・ポンペイウスの死によって、古代の地中海から海賊は姿を消すのである。

キケロの海賊論

本章で見てきたとおり、古代世界において海賊に対する見方は変化した。

ギリシア神話に描かれた海賊は、神に寵愛され、力を与えられた英雄が武力を誇って掠奪行為を行うというものであった。ヘロドトスの『歴史』においても、その海賊観は引き継がれており、ヘロドトスは、掠奪行為を繰り返したポリュクラテスについて、高い志を持った人物であるとさえ評価していた。

しかし、ローマ時代になると、海賊に対する見方は一転し、海賊行為は不法な悪業と見なされることになる。プルタルコスのキリキア海賊に対する描写は、ヘロドトスのポリュクラテスに対する描写とは大きく異なっている。

また、先に言及したが、ポンペイウスやカエサルと同時代の哲学者であるキケロ（前一〇六～前四三年）は、海賊について「人類共通の敵」であると断じている。

海賊が悪である理由について、キケロは次のように説明している。

人が他人からものを奪い取り、他人の不利益によって自分の利益を増やすことは自然に反する。……それはまず第一に人間の共生と社会を破壊するからである。実際、われわれが各自の利得のために他人に対して略奪や権利の侵害を働くような性癖になってしまったら、人間の本性にもっとも即している社会が分裂することは必然である。たとえば、体の器官の一つ一つが、隣の器官の健康を自分のほうに移せたら自分が壮健になれる、という感覚を持ったとしてみよう。肉体全体が弱体化し、滅び去ることは必然である。これと同様に、われわれの一人一人が他人の利便を横取りして、それぞれ自分のために利得となる分だけ奪い取る、といったようなことをすれば、人類の社会と共同体が転覆してしまうことは必然である。

（キケロー「義務について」高橋宏幸訳）

図1—14　キケロの胸像（ローマ・カピトリーニ美術館）

キケロは、人間の胃や腸などの器官が、それぞれ互いから健康を奪い合うようなことがあれば、肉体全体が衰弱してしまうのと同様に、他人から物を奪い取って自らの物とするような海賊行為を許しては、人間社会の共生は破壊されてしまうと主張するのである。優れた弁論家のキケロらしい明快な説明である。そして、そうであるがゆえに、海賊は、「人類共通の敵」となるのである。

キケロは別の箇所で、「全人類を保護し助けるためにはいかに大きな労苦や困難も引き受ける」べきだと指摘し、海賊鎮圧に向けた積極的な行動を促している。そして、人類共通の敵である海賊に対しては、社会一般に認められるような「信義も誓約も共有すべきではない」と突き放す。

キケロが生きたのは、ローマが地中海において覇権を打ち立てていく時代であった。見てきたとおり、ローマにとっては、地中海における最後の敵は海賊であり、前六七年、ポンペイウス将軍が地中海の海賊を鎮圧して、パクス・ロマーナが確立した。「海賊は人類共通の敵」と断言するキケロの主張の背景には、ローマが打ち立てた秩序に対する信頼とそれを脅かす海賊への敵意が内包されているといえよう。

なお、キケロ自身は共和政ローマの熱心な支持者であった。カエサルがルビコン川を越えてローマに進軍した際には、ポンペイウスの陣営に加わっている。その後、カエサルに許されてローマに戻ったが、カエサル暗殺後、アントニウスの独裁に陥る危険性を感じたキケロは、アントニウスを批判する演説を行い、それがもとで、最後はアントニウス配下の兵士に殺害され、その生涯を閉じた。

なお、キケロが守ろうとしたのは共和政ローマの精神にほかならない。キケロは、著書『国家について』のなかで、法の同意や共通利害がない集団は、単なる集団でしかなく、そうした集まりを人民あるいは国家と呼ぶことはできないと記している。

キケロによれば、国家とは、権力による支配体制そのものを指すのではなく、法の同意や共通利害が集団内に存在することが求められるのである。キケロは、国内秩序においても国際秩序においても、単に力によって打ち立てられた秩序ではなく、同意された法に基づく秩序こそが不可欠であると考えていたのである。

アウグスティヌスと中世の萌芽

のちに、キケロの議論に刺激を受け、その議論を受け継ぎながら独自の思想を展開した人物がいる。四世紀中葉のローマ支配下の北アフリカに生まれた聖アウグスティヌス（三五四～四三〇年）である。

アウグスティヌスは、著書『神の国』において、次のように述べている。

正義がなくなるとき、王国は大きな盗賊団以外のなにであろうか。盗賊団も小さな王国以外のなにでもないのである。……盗賊団という禍《わざわ》いは、不逞《ふてい》なやからの参加によっていちじるしく増大して、領土をつくり、住居を定め、諸国を占領し、諸民族を征服するようになるとき、ますます、おおっぴらに王国の名を僭称《せんしょう》するのである。そのような名が公然とそれに与えられるのは、その貪欲が抑制されたからではなく、懲罰をまぬがれたからである。

（アウグスティヌス『神の国』服部英次郎訳）

ここでアウグスティヌスは、正義のない王国とは、単に盗賊団が支配地を拡大しただけにすぎず、王国も盗賊団も単に力に基づいた支配を行うのであれば、まったく類似の存在だと指摘するのである。

そして、この文章に続くのが、先にも引いた大王と海賊の逸話である。そのなかでアウグスティヌスは、大王と海賊のどこが違うのかと主張する海賊の言葉を「適切で真実である」と評している。

キケロが力のみに基づく秩序を国家とは認めなかったように、アウグスティヌスにとっても、そこに正義がなければ、国家も盗賊団も、大王も海賊も、本質的に同じ存在なのである。ただし、キケロとアウグスティヌスでは、国家の正当性の根拠が異なっている。ローマの法秩序こそが正義だと考えたキケロに対して、それでは、アウグスティヌスは、なにを正義だと考えたのであろうか。

四世紀後半から五世紀前半、ゲルマン系諸族の侵入によって崩壊寸前のローマ帝国末期に生きたアウグスティヌスにとって、キケロの時代のようなパクス・ロマーナに対する信頼は存在しなかった。それどころか、アウグスティヌスにとっては、キケロが信頼を置いたローマの秩序は必ずしも正義ではなかったのである。その代わりに、アウグスティヌスが依拠するのは、キリスト教信仰に基づく神の真理である。

アウグスティヌスは、『神の国』において、自らの権力を誇り、力の支配によって成立する「地の国」と、神の栄光を誇り、キリスト教の教えに基づく「神の国」とを区別する。表面上世界を支配しているように見える「地の国」ではなく、信仰によって成り立つ「神の国」こそが、真の価値を持つ支配者であり、勝利者と見なすのである。

図1―15　アウグスティヌスの肖像画（フィリップ・ドゥ・シャンパーニュ作、1645～50年）（ロサンゼルス・カウンティ美術館）

同時代の文脈からいえば、アウグスティヌスは、崩壊していくローマ帝国を「地の国」として見放す一方で、キリスト教信仰の勝利を確信していたのである。ローマの神々ではなく、キリスト教を信仰したことがローマ崩壊の原因であるとする一部の批判に対し、崩壊しているのは「地の国」としてのローマ帝国であって、「神の国」としてのキリスト教信仰は後退するどころかますます強固になっているというのが、アウグスティヌスの信念であった。

ただし、アウグスティヌスの意図とは別に、次の時代には、その思想は異なった文脈で用いられていく。「地の国」であるはずの支配権力が、「神の国」を標榜《ひょうぼう》しつつ、発展するのである。すなわち、ヨーロッパ中世は、キリスト教信仰に基づく国家という新たな政治形態を生み出し、ローマ教皇や十字軍、神聖ローマ帝国などさまざまな形でキリスト教信仰が政治的な基軸となっていく。

現代アメリカの政治学者F・パーキンソンは、アウグスティヌスについて、キケロに代表される普遍的な平等に基づくストア哲学の国際観から、キリスト教の倫理的排他性と優越性に基づく国際観へと転換した思想家として位置づけている。

パーキンソンは、人類共通の社会を夢想したキケロの普遍的世界観に対して、キリスト教信仰を判断基準とする二分法的な世界観の萌芽《ほうが》をアウグスティヌスの思想に見いだしているのである。

パーキンソンが指摘するように、それはアウグスティヌス自身の意図というよりも歴史的状況の所産であるといえようが、たしかに、中世の地中海では、パクス・ロマーナのような普遍的世界像は失われ、排他的で優越的な意識を持った諸勢力が現れ、相争う時代が続いていく。そしてそれは、地中海において、再び海賊が登場する時代でもあった。

第2章　海賊の再興

古代の終焉

ローマ帝国は、地中海を取り囲むようにヨーロッパ、北アフリカ、西アジアに広がる大帝国となり、九八年から一一七年のトラヤヌス帝の治世下において、その領土は最大版図となった。ローマは、建築や土木などの分野で高い技術力を誇り、その文明は地中海世界の各地に広がった。

しかし、ローマ帝国の広大な領土は、周辺民族との度重なる衝突を引き起こすことになる。領土維持という難問を抱えたローマでは徐々に分割統治が進み、ついに四世紀末、東ローマと西ローマに分裂してしまう。

同じころ、内陸アジアでは、騎馬民族のフン族が西方へと移動を開始していた。三七五年、フン族は黒海北方に侵入し、同地の東ゴート族と衝突する。フン族に追われた東ゴート族は西方に向かい、こうして玉突き的に次々とゲルマン系諸族がヨーロッパ方面へと移動を始め

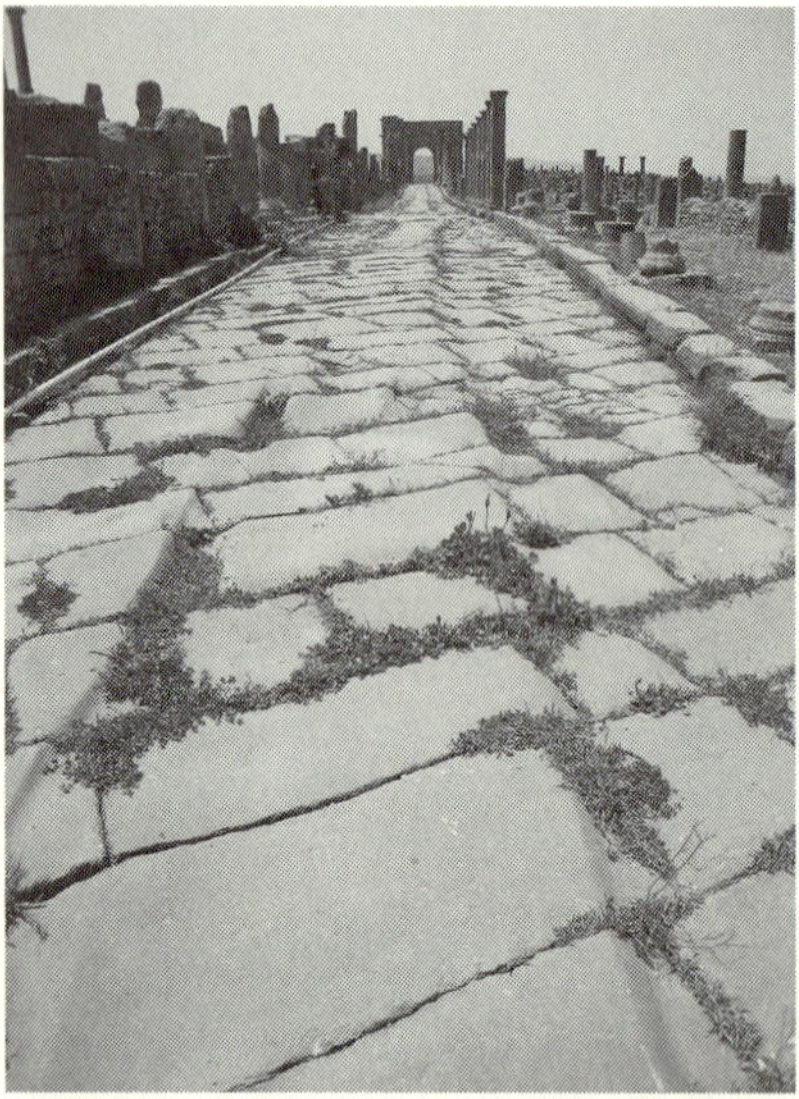

図2—1　アルジェリア・ティムガッドのローマ遺跡（ローマは、帝国内に交通路を張り巡らし、文明を広げた）

るのである。いわゆる「ゲルマン民族の大移動」として知られる事態である。

ゲルマン諸族の移動は、すでに弱体化していた西ローマ帝国に決定的な打撃を与えた。四世紀末には、西ゴート族が西ローマ軍を破ってその領土に侵入し、四七六年には、ゲルマン系傭兵《ようへい》隊長の反乱によって西ローマの皇帝が廃され、西ローマ帝国は滅亡する。

西ローマ帝国の滅亡は、地中海におけるパクス・ロマーナの崩壊を意味した。そして、海洋秩序の崩壊は海賊の台頭を生むという古代世界で見られた図式は、ここでも当てはまることになる。こののち、地中海では再び海賊が登場し、「我らが海」を謳歌《おうか》するのである。

ヴァンダル族ガイセリック王

五世紀前半、北アフリカに強大な王国を一代にして築き、西地中海に勢力を広げた人物がいる。ヴァンダル族のガイセリック王（在位四二八～四七七年）である。ヴァンダル族もまた、この時代に民族移動を余儀なくされたゲルマン系諸族のひとつであった。

四〇〇年頃、ハンガリー平原を追われたヴァンダル族は、四〇六年、ライン川を越えてガリア地方に入り、さらに三年後の四〇九年には、ピレネー山脈を越えてイベリア半島に移動する。現在のハンガリーからフランスを経てスペインに至るという二〇〇〇キロ以上の行程をわずか一〇年で移動したことになる。

図2―2　ガイセリックの肖像のコイン

ただし、ヴァンダル族の移動はそれで終わらなかった。四二九年、遅れてイベリア半島に侵入してきた西ゴート族に追われ、ジブラルタル海峡を越えて北アフリカに渡るのである。このときのヴァンダル族の一団は八万人にも及んだという。一族を率いていたのは、四二八年に即位したガイセリック王であった。

北アフリカに上陸したヴァンダル族は、豊かな定住地を目指し、現在のモロッコからアルジェリア北部のトレムセン、シェルシェル、コンスタンティーヌと地中海に沿って東へと進む。一族を率いてのアトラス山脈と地中海に挟まれたこの行路も、決して容易ではなかったはずである。

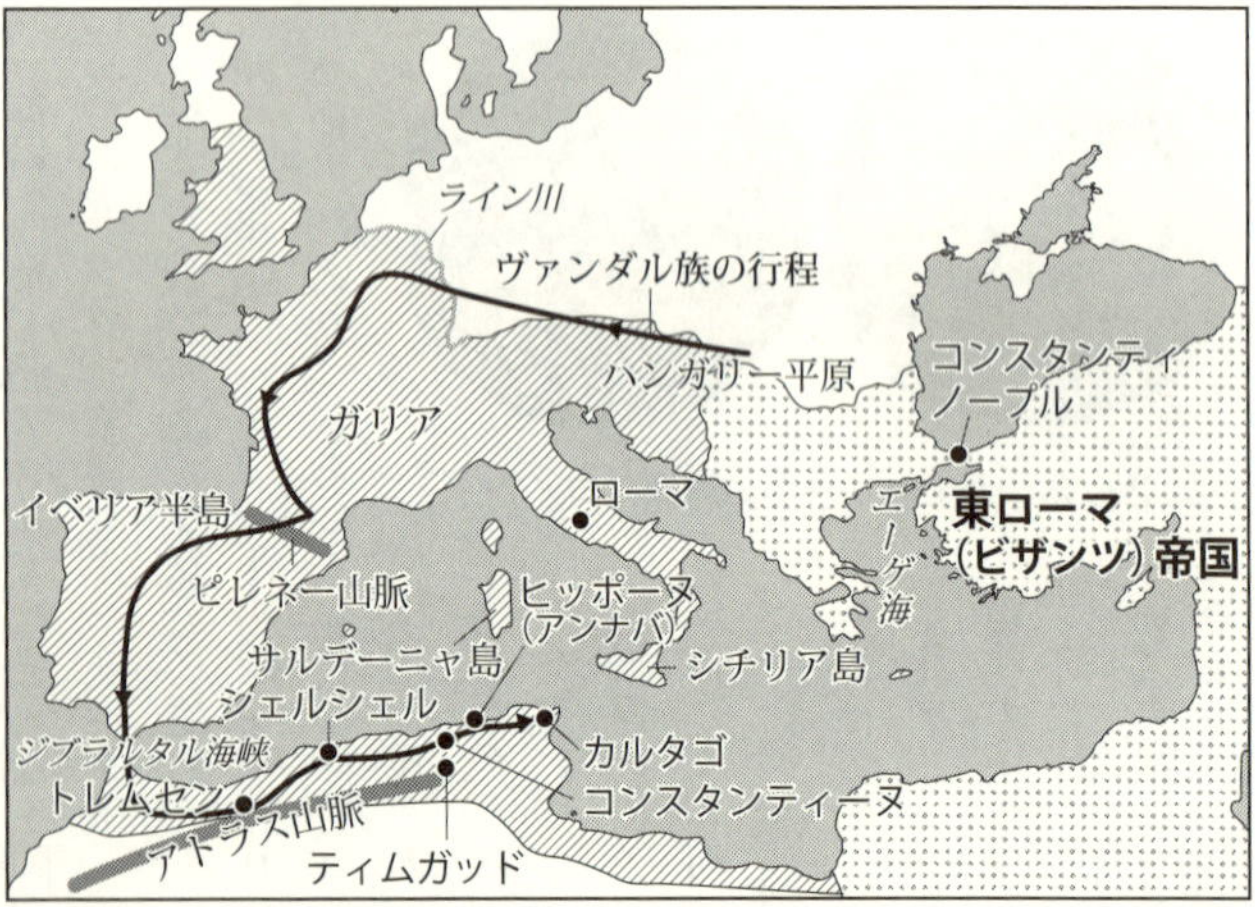

図2—3　ヴァンダル族の行程

四三〇年、ヴァンダル族は、現在のアルジェリアとチュニジアの国境付近に位置するヒッポーヌ（現アンナバ）にたどり着く。自然の良港があり、周辺に肥沃な土地が広がるヒッポーヌは、前一〇世紀頃にフェニキア人が寄港地として築いたのが始まりとされ、その後はヌミディア王国のマシニッサ王がこの町を居住地にし、ローマの属州になったのちは、カルタゴに次ぐ北アフリカ第二の都市として栄えていた。

なお、このとき、ガイセリック率いるヴァンダル族が取り囲んだヒッポーヌの町には、老年の聖アウグスティヌスが居住していた。アウグスティヌスは、生地のタガステ（現スーク・アフラース）に近いこの町で、三九五年より司教を務めていたのである。そして、アウグスティヌスは、ヴァンダル族による包囲のなか、熱病に倒れ、七六歳の生涯を閉じた。

ただし、アウグスティヌスにとっては、波乱の多い人生の最後に直面したこの試練のときでさえ、自らのキリスト教信仰には一片の動揺もなかったはずである。

アウグスティヌスは、晩年に完成させた著書『神の国』のなかで、次のような気高い言葉を残している。


同じ火にかけても、黄金は光を発し、籾殻《もみがら》は煙を出すように、また同じ連枷《からざお》で打っても、麦稈《むぎわら》はくだかれ、穀粒は精白されるように、なおまた、油と油糟《あぶらかす》とは同じ

図2—4　ヒッポーヌの遺跡（奥の丘には、アウグスティヌス聖堂）

図2—5　聖堂前に立つアウグスティヌスの銅像

力の圧搾機でしぼり出されるからといって混合することがないように、同じ苦しめ悩ます力も、善きものを試練し、浄化し、濾過《ろか》するが、しかし悪《あ》しきものを攻略し、絶滅するのである。それゆえ、同じ苦悩を受けながら、悪しきものは神を呪い、その御名《みな》を瀆《けが》すが、善きものは神に祈り、その御名をほめたたえる。

（アウグスティヌス『神の国』服部英次郎訳）

アウグスティヌスが世を去った翌年の四三一年、ヒッポーヌの町は陥落する。ガイセリックはこの地に留まり、ヴァンダル王国の首都とした。

八年後、ガイセリックはさらに東方への遠征を開始し、北アフリカ最大の都市カルタゴを征服する。そして、地中海の要所であるカルタゴに首都を移したガイセリックは、ガレー船団を編成し、地中海に乗り出すのである。

ヴァンダル族の海賊行為

四四〇年、数万の兵を乗せたガイセリック率いるヴァンダルの船団は、シチリア島西部に上陸し、島内を横断して掠奪を行う。ガイセリックはこの掠奪行を皮切りに、シチリア島やサルデーニャ島あるいは南イタリア各地を襲撃する。沿岸の町を襲い、財産を奪い、住民を連れ去るヴァンダル族の行為はまぎれもなく海賊の姿である。

六世紀の東ローマ帝国の年代記作者プロコピオスは、ヴァンダル族がシチリアやイタリアだけでなく、ギリシアやエーゲ海の島々など東ローマ領に対しても襲撃を行い、各地で掠奪行為を働いたと記している。

プロコピオスによれば、ガイセリックはカルタゴの港を出発するとき、今度はどこへ向かうのかと尋ねられ、「神の怒りのある者のところに」と答えたという。つまり、ガイセリックにとっては、襲撃する場所に理由などなく、どこであろうと行き着く先々で掠奪を行っていたのである。

図2―6　ヴァンダル族のローマ掠奪（ハインリッヒ・ロイテマン作、19世紀後半）

ヴァンダル族による海賊行為のなかでも、とくに有名な事件は、ローマ掠奪であろう。四五五年、崩壊寸前の西ローマ帝国の内紛に乗じてローマに侵攻したガイセリック率いるヴァンダル族は、一四日間にわたって、かつての栄光の都ローマを掠奪するのである。

ローマ教皇に請われて建物の破壊だけは行わなかったものの、掠奪品を満載し、カルタゴへと航路を取ったヴァンダル船のなかには、積み荷の重さにたえられず、沈没した船があったというほどである。

ヴァンダル族のローマ掠奪がヨーロッパに与えたショックは非常に大きく、その後、ヴァンダルあるいはヴァンダリズムという言葉は、文化や芸術の破壊者あるいは破壊行為という意味の単語として定着することになった。ヴァンダル族にとっては、ローマから奪った財宝と引き替えに、後世まで残る不名誉の烙印《らくいん》を押されてしまったのである。

ボン岬の海戦

ヴァンダル族による海賊行為が自領に及ぶに至り、東ローマはついに、西ローマの要請に応《こた》えて援軍を派遣する。四六八年、約一〇万の大軍を乗せた東ローマ艦隊は、サルデーニャ島に上陸してヴァンダル族から島を奪回し、次いで、ヴァンダル王国の首都カルタゴを目指して南下する。

五〇〇隻を超える東ローマ艦隊に対し、ガイセリックは奇襲で対抗する。カルタゴ上陸に備え、ボン岬沖に錨《いかり》を降ろしていた東ローマ艦隊に向けて、火炎船を突入させるのである。密集して停泊していた東ローマ艦隊は不意を突かれ、火炎船による延焼を避けるために逃げまどうことになった。さらに、混乱に陥った東ローマ艦隊に対して、ヴァンダル艦隊がいっせいに攻撃を仕掛けるのである。結局、この海戦は、ヴァンダル側の大勝利に終わった。プロコピオスはその経緯を次のように書いている。

ヴァンダルは、待ち望んでいたような風が吹き始めるやいなや、無人の小船に帆を張った。帆が風をいっぱいに受け、停泊中のローマ艦隊に近づくと、彼らは小船に火を放ち、ローマ艦隊に突進させた。ローマ艦隊は非常に多くの船が集まっていたので、小船はいともたやすくローマ船に衝突していき、炎を広げて破壊していった。

このように火の手が回ると、ローマ艦隊は混乱状態に陥り、兵士たちはお互いに何か叫びながら火炎船を近づけないように棒で押しやり、風の音や炎の音を打ち消すくらいの轟音《ごうおん》が響き渡った。ローマ艦隊は完全な無秩序状態に陥り、壊滅状態となった。

ヴァンダル艦隊は、この機会を捉えて彼らに突撃し、次々と船を沈めた。逃亡するローマ兵やその武器はヴァンダル軍の戦利品となった。しかし、ローマ軍の中には戦いに身を投じ、勇敢さを示す者もいた。あるローマの将軍は次々に敵を打ち倒していき、ついに船が捕まると見るや、すべての武器を海に沈めた。ヴァンダル側から、身の安全を保証するからそのようなことは止《や》めるように求められたが、将軍は敵の手には決して落ちないと言い残し、海に身を投じた。

（Procopius, *History of the Wars*, Volume III）

ボン岬の海戦で敗北を喫した東ローマ艦隊は、カルタゴ攻略をあきらめて撤退する。

しかし、ヴァンダル王国の側も安泰だったわけではない。四七七年にガイセリックが亡くなると、後継者争いや遊牧民の反乱が起こり、ヴァンダル王国は急速に衰退していく。ガイセリックの孫グンタムンド王の時代には、再びシチリア遠征を試みるが、同島を支配していた東ゴート族に敗れている。

他方、西ローマ帝国の滅亡によっていまや唯一のローマとなったビザンツ帝国こと東ローマ帝国は、新皇帝ユスティニアヌス一世（在位五二七〜五六五年）の下で地中海における領土回復に乗り出す。ローマ帝国の復活を掲げたユスティニアヌス一世は、「我らが海」をローマの手に取り戻すため、六〇〇隻に及ぶ大艦隊を編成し、西地中海への遠征を決行するのである。

ガイセリック王を失い、すでに弱体化していたヴァンダル王国にとって、強大なビザンツ艦隊に対抗する力は残っていなかった。五三四年、ヴァンダル王国は、ビザンツ軍との戦いに破れてカルタゴを失い、建国からわずか一〇〇年余りで、その歴史を閉じた。

ヴァンダル王国を滅ぼしたビザンツ軍は、そのあと、五五四年にイタリアで東ゴート族を、イベリア半島で西ゴート族を破り、ゲルマン民族の大移動以来失われていたイタリアおよびイベリア半島の一部を奪回し、かつてのローマ帝国の領土を回復する。

ビザンツ軍の遠征により、地中海にはパクス・ロマーナの時代が再来するかに見えた。しかし、ビザンツ帝国によるローマ復活の夢は、ごくわずかしか続かなかった。このあと、地中海には強力な新勢力が登場するのである。

イスラーム誕生

六一〇年、アラビア半島の町マッカ（メッカのアラビア語名）で、神から啓示を受けた預言者としてムハンマドがイスラームを説く。ムハンマドは部族社会を基盤とするマッカの住民と対立し、六二二年、わずかな信徒とともに北方のマディーナ（メディナのアラビア語名）に移住する。その後、マディーナの住民の多くがイスラームに帰依し、ムスリム（イスラーム教徒）による共同体ウンマが形成された。

そして、軍を率いてマッカとの戦いを制したムハンマドは、六三〇年、マッカに帰還する。このあと、アラビア半島の諸部族もイスラームの教えを受け入れるか、または税の支払いを受け入れるかして、イスラームに帰順した。こうして、アラビア半島にイスラーム勢力が誕生するのである。

六三二年、ムハンマドが没すると、古参の信徒アブー・バクルが預言者の代理人カリフ（ハリーファ）となり、ウンマの指導者となる。さらに、第二代カリフとなったウマルの時代には、アラブ人を中心とするムスリム軍が近隣各地に遠征を行い、イスラーム勢力は拡大し

図2—7　アラビア半島と東地中海の地図

ていく。

六三六年、シリアに侵攻したムスリム軍はビザンツ軍を破って同地を征服し、さらに、ビザンツ領のエジプトに侵攻してアレクサンドリアを占領した。そして、アッカー（現アッコ）港やアレクサンドリア港など地中海沿岸の拠点港を支配下に収めたイスラーム勢力は、地中海へと進出するのである。

最初の標的になったのは東地中海に浮かぶキプロス島であった。

九世紀のペルシア人史家バラーズリーは、『諸国征服史』において、ムスリム艦隊にとって初の地中海遠征となったキプロス攻略について、次のように記している。

（シリア総督の）ムアーウィヤは大艦隊を率いて「勇躍として」（シリアの）アッカーを出帆した。……

ムスリム軍がキプロス……に到達して海岸に上陸するや、島の領主《ウルクーン》は和平条約「の締結」を求めてかれらムスリム軍に使いを送って来た。というのも島の民がそれを得策と考えたからである。そこでムアーウィヤはかれらが毎年七二〇〇ディーナールを納入するという条件で、かれらと和平条約を結んだ。ローマ「ビザンツ」もそれと同じ条件の条約を結んでいたので、島民は租税《ハルジュ》を二重に納入することになった。……ムスリムは、背後から島民を支配しようとする者「ローマ人」とは一戦を交えないことにし、かれらに対してムスリム軍の敵であるローマ軍の動静を「逐一」通報することを義務づけた。

これ以後、ムスリム軍が海「地中海」に進出してもキプロスの民を攻めず、またかれらとムスリム軍は、互いの敵を支援しないという状態が続いた。

ところが三二年（西暦六五四年）、キプロス島民は海に進出したローマ軍に与《くみ》し、かれらに船舶を提供した。そこでムアーウィヤは三三年に五〇〇の艦船を率いてかれら「キプロス」に遠征した。そしてキプロスを武力で征服し、かれら島民を殺し、また捕虜にした。その後かれは［以前の］条約で、その他の島民を安堵《あんど》した。そして総《すべ》てディーワーンの民からなる一万二〇〇〇の戦士をキプロス島に派遣した。かれらは島内に多くのモスクを建てた。さらにムアーウィヤは島にバールバックから一軍を移駐させ、その基地を建設した。

（バラーズリー『諸国征服史1』花田宇秋訳）

ムアーウィヤの艦隊は、キプロス島を征服したのち、ロードス島やシチリア島に到達する。六五二年には、エジプト総督アブドッラーの艦隊がアレクサンドリア沖でビザンツ艦隊を撃破し、六五五年には、ムアーウィヤとアブドッラーが協力し、トルコ南岸リュキア沖で、五〇〇隻に及ぶビザンツ艦隊を相手に勝利を収めている。かつて、操船技術に劣るローマがカルタゴに仕掛けた戦術と同様、敵船に乗り込む装置を施した船を用いて陸上戦さながらの白兵戦を展開したのである。

イスラーム勢力は、その誕生からわずか五〇年足らずで地中海への進出を果たし、ビザンツ帝国の支配する地中海の勢力図を一変させた。このあと、地中海では、ビザンツ帝国に代わってイスラームの時代を迎えることになる。

イスラーム世界の拡張

六六一年、シリアを統治していたウマイヤ家のムアーウィヤは、ダマスカスを首都にウマ

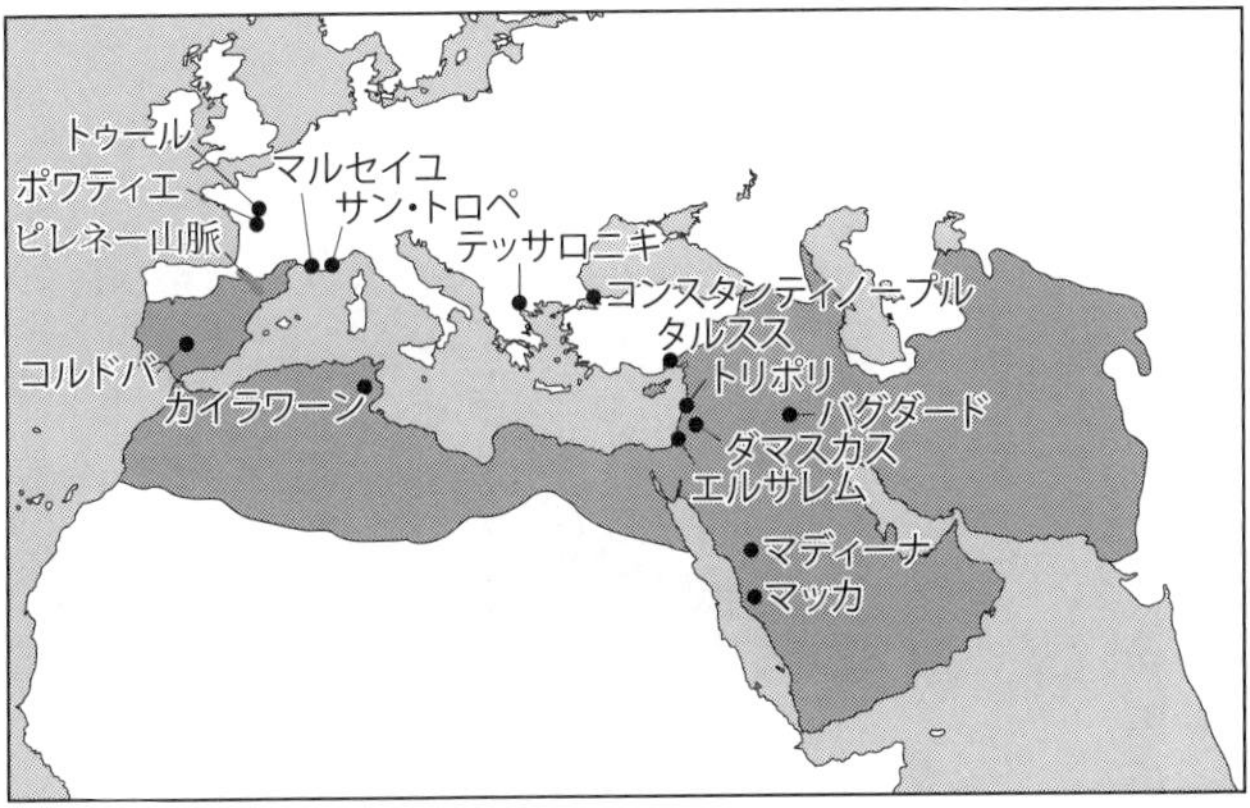

図2―8　ウマイヤ朝の領土（8世紀前半）

イヤ朝を建国する。そして、ウマイヤ朝はイスラームの拡大を目指し、北アフリカに進軍するのである。

六七〇年、ウマイヤ朝は、チュニジア中部の内陸地カイラワーンに北アフリカの拠点を築くと、六九七年にはカルタゴを征服する。さらに、七一一年にはイベリア半島に上陸して、西ゴート王国を滅ぼす。

北アフリカを経てイベリア半島に進出したウマイヤ朝軍は、さらにピレネー山脈を越えてフランスに侵入するが、七三二年のトゥール・ポワティエ間の戦いで、フランク王国の反撃に遭い、イベリア半島に撤退した。結局、ウマイヤ朝は、シリアから北アフリカ、イベリア半島、ペルシアまで支配地を広げ、巨大な帝国に成長する。

七五〇年、アッバース家を中心とする革命軍がウマイヤ朝を倒し、イラクのバグダードを首都に

図2—9　カイラワーンの大モスク

アッバース朝を建国する。ただし、イベリア半島では、後ウマイヤ朝が興り、イスラーム勢力の分裂も始まる。

アッバース朝の時代には、アッバース朝軍による地中海地域への遠征はあまり行われなかったが、他方で、非正規のムスリム集団による侵略はたびたび行われた。

東地中海のクレタ島征服は、その一例である。クレタ征服の中心となったのは、イベリア半島南部のアンダルシア出身のムスリム集団であった。

八一五年、アンダルシアのコルドバで後ウマイヤ朝のハカム一世（在位七九六～八二二年）に対する反乱が起こる。結局、反乱は失敗に終わり、反乱に荷担した地域の住民は追放され、彼らの多くはエジプトのアレクサンドリアにたどり着いた。その数一万五〇〇〇人にも及んだという。そして、彼らは定住地を求め、八二七年、指導者アブ・ハフスに率いられて、四〇隻以上の船でクレタ島に上陸するのである。

当時のクレタ島はビザンツ帝国領であり、ビザンツ兵が小規模ながら駐屯していた。しかし、アブ・ハフス率いる一万を超える一団が島に上陸すると、ビザンツ兵は逃げ出し、住民もほとんど抵抗を示さなかったという。ビザンツ皇帝ミカエル二世（在位八二〇～八二九年）は、国内での反乱鎮圧に忙しく、クレタ島に援軍を送れる状況ではなかった。

アブ・ハフスはクレタ島に上陸すると、乗船してきた船を焼き払うように部下に命じた。なぜそんなことをするのかと部下が尋ねると、アブ・ハフスは、「なにが不満なのだ。私は、乳と蜜が流れる土地にお前たちを連れてきたのだ。ここがお前たちの本当の国なのだ。休息し、お前たちの生まれた不毛な土地のことは忘れてしまえ」といったという。

クレタ島にたどり着き、この地に移り住んだムスリム集団は、この島を拠点としてビザンツ帝国領への掠奪を繰り返す。ビザンツ帝国は、クレタ島を奪回すべく艦隊を送り込むものの、ことごとく失敗に終わり、以後一五〇年近くにわたり、クレタ島はイスラーム勢力が支配し、ムスリム海賊の拠点となった。

トリポリのレオ

九世紀末の東地中海において、ビザンツの年代記作者からはトリポリのレオ、ムスリムの年代記作者からはハラム・ザラファと呼ばれた海賊がいる。

レオの生まれはトルコ南東部で、両親はキリスト教徒であったと伝えられている。若いときにムスリムの一団に加わり、イスラームに帰依してシリアのトリポリに落ち着いたことから、トリポリのレオと称されることになったという。

図２—10　テッサロニキ掠奪（スキュリツェス年代記細密画、11・12世紀）

レオは青年期の多くを船の上で過ごし、数々の遠征に参加する。海上での経験を積んだレオは、トルコ南東部のタルススを拠点に、海賊の首領としてビザンツ帝国領への襲撃を繰り返すのである。なお、タルススは、古代ローマ時代、キリキア海賊の根拠地のひとつであった。

ジョン・カミニアティスというテッサロニキに暮らす商人が、レオによるテッサロニキ掠奪について記録に残している。テッサロニキはギリシア北部に位置し、コンスタンティノープル（現イスタンブール）に次ぐ栄華を誇るビザンツ帝国第二の都市であった。

カミニアティスによると、九〇四年、レオが指揮する一万人以上の兵を乗せた五四隻の船がタルススを出発し、テッサロニキを目指してエーゲ海を北上したという。途中で他の海賊の合流を得たレオの船団は、エーゲ海でビザンツ艦隊を打ち破り、同年七月、テッサロニキの湾内に入る。テッサロニキの町は恐怖や驚き、号哭《ごうこく》、悲嘆などの声が響き渡ったという。

テッサロニキは強固な城壁で囲われていたが、その城壁をめぐってレオの軍勢とビザンツ守備隊との攻防戦が始まる。レオは港に面した城壁の比較的低い部分に目をつけ、船を二隻ずつ結びつけて甲板の上に木の塔を作ると、船を接岸させて侵入を試みた。ビザンツ軍も必死に防衛したが、数日に及ぶ攻防の末、ついに海賊たちが城壁を越えて侵入する。内側から城門が開かれると、海賊たちが町中になだれ込み、その後は数日にわたって虐殺と掠奪が繰り広げられたという。

海賊たちは町中から金品を奪い取り、身代金の取れそうな住民を捕虜とした。カミニアティスによると、捕虜にされたテッサロニキの住民は二万二〇〇〇人にも及んだという。カミニアティスとその家族も海賊に捕まり、差し出した財宝によって命だけは助けられたものの、一家は連れ去られた。

カミニアティス一家を含めた多数の捕虜と掠奪品を積んだレオの船団は、ビザンツ軍の反撃を恐れ、数日でテッサロニキを離れる。レオの目的はテッサロニキの征服ではなく、掠奪であった。

レオの船団はクレタ島に寄港し、そこで財宝を山分けにしたあと、遠征に参加した海賊たちはそれぞれエジプトやシリアなどに戻っていった。レオ自身も九月にタルススに帰還している。なお、カミニアティス一家はビザンツ帝国に囚われていたムスリムの捕虜との交換によって、タルススでようやく解放された。

この時代、テッサロニキと同じような光景は地中海の各地で見られたであろう。西地中海でもカイラワーンを首都とするアグラブ朝（八〇〇～九〇九年）が船団を駆使し、シチリア島やサルデーニャ島、南ヨーロッパの沿岸地域で掠奪を行っていたのである。

サン・トロペのムスリム海賊

ムスリム海賊による襲撃は、トリポリのレオのような大船団による遠征ばかりではない。むしろ、小規模の襲撃は日常的に地中海の各地で繰り返されていた。

たとえば、一〇世紀のイタリア・クレモナ司教リウドプランドは、八八九年に南フランスのサン・トロペに上陸したムスリム海賊について、次のように記している。

小さな船でスペインを出発した二〇人ばかりのサラセン人（ムスリム）は、彼らの意志に反して、風に流され、そこ（サン・トロペの海岸）にたどり着いた。夜陰に乗じて上陸し、町に侵入したこれらの海賊は、キリスト教徒を惨殺した。ああなんて恐ろしいことだ。そして、サラセン人はその場所を自分たちのものだと叫んだ。彼らは村の右隣にある山を近隣からの攻撃から逃れる拠点として築き、大きく密集したトゲのある木々がその守りを固めた。（Liudprand of Cremona, *The Complete Works of Liudprand of Cremona*）

こうして、わずか二〇人余りのムスリム海賊は、風に流されて偶然たどり着いた先のサン・トロペの町を襲撃し、占拠した。彼らはサン・トロペを自分たちの拠点とし、故郷のイベリア半島から一〇〇人に及ぶ仲間を呼び寄せたという。

このあと、海賊たちは、サン・トロペを拠点に周辺各地で掠奪を繰り返す。その被害は、西はマルセイユやエクス・アン・プロヴァンスなどの南仏地域、東はアルプスを越えて内陸のイタリア北西部にまで及んだという。そして、サン・トロペは、このあと一〇〇年近く、海賊の巣窟となるのである。

一方、地中海一帯でムスリム海賊が猛威をふるっていたころ、ヨーロッパの北部では、ある海洋民族が勢力を広げていた。

ヴァイキングの進出

七九三年、両端が反り上がった細長い形状の見慣れぬ船影がイギリス北東部のリンディスファーン島沖に姿を見せる。ロングシップと呼ばれる船から島に降り立った一団は、当時のキリスト教布教の中心地であったリンディスファーン修道院を襲撃し、徹底的な掠奪を行う。

このときの掠奪について『アングロサクソン年代記』は、「未開人による悲惨な侵入によって、ホーリー（リンディスファーン）島の修道院では、掠奪と殺戮《さつりく》の嘆かわしい大混乱がまき起こった」と記している。これがイングランドに残るもっとも古いヴァイキングに関す

図2―11　ロングシップ（ノルウェー・ヴァイキング船博物館）

る記述である。

このあと一五〇年以上にわたって、イングランドやスコットランド、また、フランスなどのヨーロッパ北部では、ヴァイキングによる襲撃が繰り返されることになる。

ヴァイキングの正体は、スカンディナヴィアに住む北方ゲルマン系民族のノール族やデーン族、スウェード族などである。のちに彼らは、北方の人を意味するノルマン人と呼ばれるようになる。

ヴァイキングが操船するロングシップは、薄く張り合わされた木材によって作られ、軽量かつ細長い形状で水の抵抗を抑えた高速船であった。また、喫水が浅く、河川をさかのぼることもできたため、ヴァイキングの襲撃は沿岸部だけではなく、内陸部の諸都市にも及んだ。

なお、ヴァイキングの襲撃の背景には、宗教的な理由があったという指摘がある。伝統的な神々を信仰していた彼らにとって、ヨーロッパへの襲撃は、キリスト教徒に対する戦いでもあったという。のちには、ヨーロッパへの定住化とともにキリスト教に改宗していくが、たしかに当初は、リンディスファーン島の修道院などキリスト教施設がねらわれている。

ノルマンディー公国

九世紀、デンマークのデーン族系のヴァイキングがフランス北部に侵入する。当時、フランスは西フランク王国（八四三～九八七年）が支配していたが、その地を襲撃したのである。八八五年、ヴァイキングは、約七〇〇隻のロングシップに乗り込み、セーヌ川をさかのぼってルーアンの町を襲う。さらに、彼らはセーヌ川を進むと、パリの町を取り囲み、一年以上にわたって包囲を続けたという。西フランク王国のカール三世は、包囲解除の代償として多額の資金をヴァイキングに払わなければならなかった。

その後、ヴァイキングの一部はセーヌ川下流域のフランス北西部に移り住み、周辺地域への襲撃を繰り返す。その襲撃に頭を悩ました西フランク王国のシャルル三世は、九一一年、セーヌ川下流域のヴァイキングによる領有を正式に認めた。ついにヴァイキングは、海賊行為によって国を得たのである。この国こそノルマン人の国、ノルマンディー公国である。

一一世紀になると、ノルマンディー公国は、海峡を越えてイングランドに侵攻する。ノルマンディー公のギョーム二世は、ヘイスティングズの戦いでイングランド国王のハロルド二世を破り、ウィリアム一世としてイングランドの王となる。イギリス史でノルマン・コンク

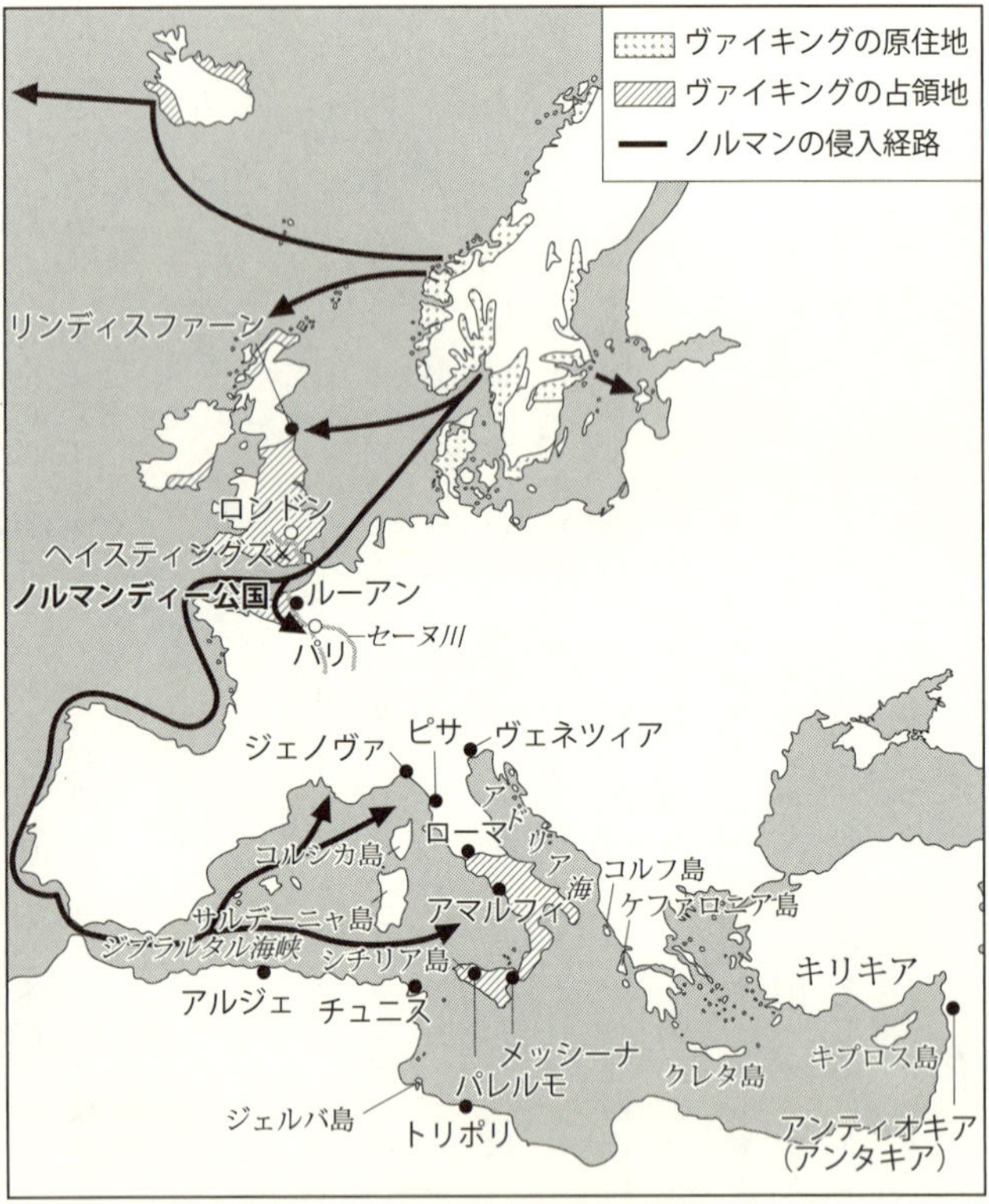

図2—12　ヴァイキングの占領地と侵入経路

エストとして知られるこの征服のあと、イングランドではノルマン人貴族が支配層を占めて封建制を確立し、イングランドのノルマン化が進むことになる。

なお、ノルマン人が征服したのは、イングランドだけではなかった。このあと、ノルマン人はジブラルタル海峡を越えて地中海に侵入するのである。

シチリア王国の誕生

ノルマン人はすでに九世紀には地中海に姿を現し、八六〇年にはフランスやイタリア沿岸部を掠奪したという記録があるが、その本格的な地中海への進出は、一一世紀に入ってからのことである。

一〇世紀初頭にノルマンディーに領土を得て定住したノルマン人であったが、彼らの社会では長男が土地を相続するため、次男や三男など土地を持たない層が生まれた。そして、彼らのなかから、国を離れてヨーロッパ各地で傭兵として活躍する者が現れるのである。

彼らの任地としてとくに多かったのが南イタリアであった。当時の南イタリアは、都市国家やビザンツ帝国領などが乱立し、戦争が絶えなかったのである。ノルマン人傭兵のなかには、戦争で功績を挙げて領土を与えられ、有力者となる者も現れた。その典型例がオートヴィル家の兄弟たちである。

一一世紀中葉、オートヴィル家の兄弟たちはノルマンディーから南イタリアに渡り、傭兵として活躍する。プーリア伯となった兄フンフレードを継ぎ、一〇五七年にその地位についたロベールは、軍事的才能を発揮し、近隣の都市を次々と征服していく。

ロベールは南イタリアを征服すると、一〇六一年にはメッシーナを、一〇七二年にはパレルモを攻略してシチリアを支配下に収める。ロベールの死後、今度は、甥のルッジェーロ二世が後継者となり、一一三〇年には、ローマ教皇から正式にシチリア王位を認められた。ノルマン人によるシチリア王国の誕生である。

そして、シチリアと南イタリアの支配者となったルッジェーロ二世は、艦隊を整備し、北アフリカに進出するのである。

一一三五年、シチリア艦隊は、チュニジアのジェルバ島を征服したのを皮切りに、チュニスやトリポリなど北アフリカの主要港を攻略していく。その後、シチリア艦隊は東地中海にも進出し、ビザンツ領であるアドリア海のコルフ島やケファロニア島なども征服した。

ルッジェーロ二世の死後、北アフリカの領土はムワッヒド朝（一一三〇〜一二六九年）に奪い返されたが、シチリア王国の登場は、イスラーム勢力による地中海支配に大きな転機をもたらしたのである。

ヨーロッパの反撃

一一世紀から一二世紀にかけてのヨーロッパでは、ベルギーの歴史家アンリ・ピレンヌが

「商業の復活」と呼ぶところの都市や商業の発展が見られた。人口の増大によって農業生産力が高まり、余剰生産物の取引が盛んになって商業都市が発達するのである。その典型がイタリアのヴェネツィアやジェノヴァ、ピサ、アマルフィなどの海港都市であった。

これらの都市は、海上輸送の安全を確保するため、自ら海賊対策に乗り出す。その対策は、単に海上での防衛ばかりでなく、海賊の根拠地となっていたイスラーム支配地への遠征を含むものであった。一一世紀中葉には、ピサやジェノヴァがイスラーム勢力下のコルシカ島やサルデーニャ島を征服している。ノルマン人がシチリア島を征服し、シチリア王国を建国したのもこの時期である。

一方、東地中海においても、九六一年、ビザンツ帝国が三〇〇〇隻にも及ぶ大艦隊を編成し、クレタ遠征を行っている。司令官として作戦を指揮したのは、のちにビザンツ皇帝に即位するニケフォロス二世（在位九六三〜九六九年）である。ニケフォロス二世は、九六五年に東地中海のもうひとつの要衝であるキプロス島を攻略したほか、ムスリム海賊の根拠地であったキリキア地方を制圧する。

九六九年、ニケフォロス二世は、アッバース朝が支配するトルコ南部のアンティオキア（現アンタキア）を征服する。アンティオキアは、かつてキリスト教信仰の中心地であり、その奪回は東地中海でのキリスト教勢力の復活を象徴する出来事であった。このあと、アンティオキアはセルジューク朝によって再征服されるが、その数年後には、今度は西方からの一団が同地を奪い返す。その一団とは、聖地奪回を目指すキリスト教徒の編成軍、すなわち十字軍であった。

レコンキスタの開始

キリスト教徒によるイスラーム追放の戦いは、一一世紀末の十字軍が初めてというわけではない。イベリア半島ではレコンキスタという領土回復運動が八世紀から始まっていた。

八世紀初頭、イベリア半島に侵入したウマイヤ朝は西ゴート王国を滅ぼしたが、半島北部に逃れたキリスト教徒は、七一八年にアストゥリアス王国を創設し、イスラームの支配に抵抗した。そして、領土の再征服を意味するキリスト教徒によるレコンキスタが始まるのである。

イベリア半島と北アフリカに勢力を広げた後ウマイヤ朝は、一〇世紀のアブド・アッラフマーン三世の治世下において最大の権勢を誇ったが、一一世紀に入ると、内紛によって崩壊し、一〇三一年には二〇余りのイスラーム小国に分裂した。

一方、カスティリャ王国、ナバラ王国、アラゴン王国などイベリア半島のキリスト教国は徐々に勢力を広げ、一〇八五年にはトレド、一一一八年にはサラゴサ、一一四七年にはリスボンを征服する。

その後、北アフリカのムラービト朝やムワッヒド朝がイベリア半島に進出するが、一二一一二年、キリスト教国の連合軍がムワッヒド朝軍を破り、一二三六年には、かつて後ウマイヤ朝の首都として栄えたコルドバを、一二四八年にはセビリアを攻略するなど、南部の都市もキリスト教国の支配下となる。この結果、イベリア半島におけるイスラームの支配地は、ナスル朝のグラナダ一国となり、イベリア半島を追われたムスリムは北アフリカに移住していく。

なお、イベリア半島北西部にあるサンティアゴ・デ・コンポステラは、エルサレムやローマ（バチカン）と並ぶ三大聖地としてヨーロッパ内から多くの巡礼者を集めていた。そして、レコンキスタや聖地巡礼に見られる宗教的な情熱は、東地中海では十字軍という形で現れていく。

図２―13　イベリア半島の地図

十字軍の呼びかけ

一〇九五年、フランス中部の町クレルモンで、ローマ教皇ウルバヌス二世（在位一〇八八～九九年）が東方の聖地奪回を呼びかける宣言を行う。ウルバヌス二世が数千の聴衆に向かって語ったとされる演説は、次のようであったという。

図2―14　クレルモン公会議（ジャン・コロンブ作、1474年）

　あなた方が奮起すべき緊急な任務が生じたのである。……すなわち、あなた方は東方に住む同胞に大至急援軍を送らなければならないということである。かれらはあなた方の援助を必要としており、かつしばしばそれを懇請しているのである。……キリスト教国をつぎつぎに占領したかれらは、すでに多くの戦闘で七たびもキリスト教徒を破り、多くの住民を殺しあるいは捕え、教会堂を破壊しつつ神の王国を荒らしまわっているのである。これ以上かれらの行為を続けさせるなら、かれらはもっと大々的に神の忠実な民を征服するであろう。……神はキリストの旗手なるあなた方に、騎士と歩卒をえらばず貧富を問わず、あらゆる階層の男たちを立ちあがらせるよう、そしてわたしたちの土地からあのいまわしい民族を根だやしにするよう……くりかえし勧告しておられるのである。

（橋口倫介『十字軍』）

図２―15　十字軍によるエルサレム征服（エミル・シニョール作、1847年）

十字軍への呼びかけにあたり、ウルバヌス二世は、「教会のために異教徒と戦う者が、その行動中に、この世の生命を終えたときは罪のゆるしにあずかることができる」と宣言し、十字軍への参加によって罪が赦《ゆる》されるという贖宥《しょくゆう》特権についても言及したという。

一〇九六年、フランスやイタリアから集まった諸侯や騎士など約六万の軍勢がコンスタンティノープルに集結し、エルサレムを目指して南下する。途中、エデッサ（現ウルファ）やアンティオキアなどの諸都市を征服し、一〇九九年、ついに聖都エルサレムを攻略するのである。

歴史家イブン・アル・アティルは、エルサレム陥落の様子を次のように記している。

住民は、一週間にわたって市街地を掠奪し

てまわるフランク人によって斬り殺された。……エル＝アクサ寺院内では七万人以上の人々が殺され、その中には多数のイスラム教徒やイスラム学者がいた。かれらはわざわざ聖地で隠遁《いんとん》生活を送るため郷里を捨てて来た信徒や苦行者たちであった。またフランク人は〝岩のドーム〟を空にするほど莫大《ばくだい》な戦利品を持ち去った。（前掲書）

このとき、現地のイスラーム勢力は内紛状態にあった。アッバース朝カリフからスルタン（君主）の称号を受け、アナトリアやシリアを支配していたセルジューク朝（一〇三八〜一一九四年）と、エジプトを支配し独自のカリフを打ち立てていたファーティマ朝（九〇九〜一一七一年）の間で対立があったのである。さらに、セルジューク朝内の争いによってシリアやパレスチナの勢力が分裂状態にあったことも、十字軍の侵入を許す一因となった。

エルサレムを征服してエルサレム王国（一〇九九〜一二九一年）を建設した十字軍は、ヨーロッパとの交通路を確保するため、ヤッファやハイファなど地中海沿岸都市を征服する。この戦いに協力したのが、ジェノヴァやピサ、ヴェネツィアなどのイタリア諸都市であった。このあと、ジェノヴァやピサ、ヴェネツィアなどは、十字軍の海上輸送や東方貿易を担って発展し、地中海においてイスラーム勢力やビザンツ帝国に代わって勢力を広げていく。

十字軍とサラーフ・アッディーン

のちに十字軍と戦うことになるサラディンことサラーフ・アッディーンは、一一三八年にイラク中部のティクリートに生まれたクルド人である。軍人となったサラーフ・アッディーンはエジプトで実権を握り、ファーティマ朝を廃してアイユーブ朝（一一六九〜一二五〇年）を打ち立てる。さらに、シリアを征服してイスラーム勢力の統一をはかり、十字軍に対抗するのである。

一一八七年、パレスチナ北東部でサラーフ・アッディーン軍とエルサレム王国軍が衝突する。ヒッティーンの戦いと呼ばれるこの戦いで、サラーフ・アッディーン軍は大勝利を収め、他方、守備隊を失ったエルサレム王国は、一週間後に降伏してエルサレムを明け渡した。

エルサレム陥落の報を受けたヨーロッパでは、イングランド王リチャード一世、フランス王フィリップ二世、神聖ローマ皇帝フリードリヒ一世も参加して第三回十字軍が編成される。しかし、その豪華な顔ぶれにもかかわらず、第三回十字軍はエルサレムの奪回に至らず、地中海沿岸の都市アッカー（現アッコ）を占領したのみで終わった。

ただし、陸上では敗退した十字軍であったが、海上ではヨーロッパ側に優位な状況が続いていた。

サラーフ・アッディーンはエジプト艦隊を再建したが、アッカーの攻防戦においても、ヨーロッパ艦隊による海上封鎖によって港に近づくことができず、輸送や連絡が滞り、伝書鳩《でんしょばと》や泳者を用いたという逸話も残っている。

ベイルート沖でのイングランド艦隊による攻撃について、サラーフ・アッディーンに仕えたバハーウッディーン・イブン・シャッダードは、次のように記している。

一一九一年六月一一日、勇敢な兵士や武器、食料など軍事物資を満載した大型船がベイルートに近づいてきた。兵士の数は六五〇人にものぼった。しかし、イングランド王は四〇隻の艦隊でその輸送船を取り囲み、沈めてしまった。船長は大惨事が迫り、死を逃れる術《すべ》はないことを悟り、「神のもと、われわれは気高い死を選ぶ。われわれは、船のわずかな一片も敵の手には渡さない」と大声で叫んだ。乗船していた船員も斧《おの》で船体を打ち壊し始めた。……船員はすべて溺死し、武器も船体もみな沈んでいった。

（Lewis and Runyan, *European Naval and Maritime History*）

なお、第三回十字軍遠征の途上、イングランド王リチャード一世（在位一一八九〜九九年）の艦隊は嵐に遭遇し、キプロス島に寄港している。キプロスにはビザンツの現地総督がいたが、十字軍への対応をめぐっていざこざが起こり、リチャード一世はキプロスを占領した。

このとき、リチャード一世が偶発的に手に入れたキプロス島は、のちに、撤退する十字軍の避難地となり、さらには、イスラーム勢力への抵抗拠点として重要な役割を果たすことになる。

十字軍の終焉と騎士修道会

一一世紀末の第一回十字軍から始まったヨーロッパの宗教的情熱は時代が進むにつれて次第に冷め、シリアやパレスチナに残された十字軍国家も、一二六八年にアンティオキアが、一二八九年にトリポリが、一二九一年にアッカーが陥落し、二〇〇年近くにわたった十字軍の試みは結局定着することなく、幕を閉じた。

ただし、十字軍が歴史に与えた影響は小さくない。そのひとつは、十字軍の輸送や東方貿易を通じて、ヴェネツィアやジェノヴァなどのイタリア諸都市が発展したことである。さらに、十字軍の時代に生まれた騎士修道会も、十字軍の遺産のひとつであろう。

図2—16　アッカー攻防戦（ドミニク・パプティ作、1840年）

騎士修道会とは、戦士としての騎士と宗教者としての修道士を兼ね、ローマ教皇から公認された組織である。騎士修道会の多くはキリスト教徒の聖地巡礼を保護する目的で設立

図2―17　クラック・デ・シュヴァリエ（シリア）

図2―18　ロードス島の聖ヨハネ騎士団長の宮殿

された。

三大騎士団のひとつである聖ヨハネ騎士団も、一一世紀中頃、アマルフィの商人がエルサレムの聖墳墓教会近くのキリスト教徒居住地に設立した修道院にその起源がある。当初は、修道院で巡礼者のための病院を運営していたが、その後、巡礼路の警備などの軍事的役割も担うようになった。

さらに聖ヨハネ騎士団は、十字軍諸侯からの寄進によって都市の管理を任されるようになり、その防衛のために軍事的比重を増していく。強固な城砦《じょうさい》に守られたシリアのクラック・デ・シュヴァリエも聖ヨハネ騎士団の拠点のひとつである。

十字軍後期には、聖ヨハネ騎士団はイスラームとの戦いの先鋒《せんぽう》となって活躍するが、難攻不落といわれたクラック・デ・シュヴァリエも一二七一年に陥落し、一二九一年には最後の拠点アッカーも失ってキプロス島に撤退した。

その後、教皇クレメンス五世の協力もあり、ガレー船団を編成した聖ヨハネ騎士団は、一三〇八年、ロードス島を占領し、以後、その拠点とする。ロードス騎士団と呼ばれた聖ヨハネ騎士団のガレー船団は、海上でムスリムの船を襲撃した。もちろん、それは、イスラームの側から見れば、海賊行為にほかならない。いわば、イスラームとの戦いを名目に、聖ヨハネ騎士団は地中海の海賊となったのである。

すでに指摘したとおり、東地中海の沿岸地域から十字軍は撤退したものの、海上においてはヨーロッパ側に優位な状況が続いていた。その理由として、海事史家のルイスとランヤンは、次の三点を指摘している。

第一が政府・行政機構の発達の差である。ヨーロッパ諸国は、大型の財政計画を実施できる官僚機構が発達し、大艦隊を整備・維持するための財源を確保することができたのに対し、イスラーム諸国は、エジプトのマムルーク朝（一二五〇〜一五一七年）のように奴隷徴集兵による統治あるいは部族的な統治に依存し、政府・行政機構を発達させることができなかったとされる。

第二が商業システムの発達の差である。ヨーロッパでは金融や会計、保険のシステムが発達し、その結果、イタリアを中心とするヨーロッパ商人は、活発な海上交易を展開し、イスラーム商人との競争に打ち勝つことができたとされる。

第三が海事技術の差である。とくに造船技術では、ヨーロッパが航海能力や積載能力の高い帆船のコグ船を生み出したのに対し、イスラーム側は小型ガレー船以外でヨーロッパに対抗することはできなくなったとされる。なお、北欧で開発されたコグ船は、のちに見るとおり、改良されて大航海時代に活躍するカラック船などを生み出すことになる。

ともあれ、この時代のヨーロッパの政治的、経済的、技術的な発展は、地中海の勢力バランスを変え、地中海での商業活動を担うイタリア諸都市のさらなる発展を促したのである。

二項対立の時代

本章で見てきたとおり、中世の地中海では複数の勢力が併存し、お互いに争いつつ、その盛衰が繰り返された。そして最終的には、キリスト教世界とイスラーム世界の対立がこの時代の基調となったのである。

ヨーロッパでは、キリスト教徒と異教徒という二分法的な世界観により、レコンキスタや十字軍で見られたようなイスラームの支配地に対する征服が行われた。

一方、イスラームの側においても、基本的な構図は同じであった。

イスラームの側では、世界を「イスラームの家（ダール・アル・イスラーム）」と「戦争の家（ダール・アル・ハルブ）」に二分し、「イスラームの家」の防衛と拡大が目指された。「イスラームの家」とは、ムスリムの支配下に置かれ、イスラーム法（シャリーア）が適用される地域であり、「戦争の家」とは、それ以外の異教徒の支配する地域である。ムスリムにとっては、「イスラームの家」のほうが優れ、望ましい社会であるため、「戦争の家」から「イスラームの家」を防衛し、また、「戦争の家」を「イスラームの家」に変えるための征服が行われるなど、聖戦（ジハード）が奨励された。

こうして中世においては、キリスト教世界とイスラーム世界の双方がお互いに自己優越的な意識を持ちつつ、地中海の覇権を争ったのである。そして、その争いにおいて、海賊行為は正当化された。

もちろん、両世界は常に対立していたわけではない。時代や地域によっては、商業的な交流も活発で、平和的な共存関係も形成されたが、全般的に見て、この時代には、レコンキスタや十字軍、「ジハード」としての征服など、宗教的な差異に基づく戦いが繰り広げられたのである。

そして、キリスト教世界とイスラーム世界の双方における排他的で自己優越的な意識は、最終的に、二つの帝国の衝突となって現れることになる。

第3章　二つの帝国

帝国の誕生

一三世紀末のトルコ北西部において、首長オスマンに率いられたわずか一〇〇人ほどのムスリム・トルコ系集団が周辺地域に勢力を広げていた。のちのオスマン帝国（一二九九〜一九二二年）の始まりである。

オスマンの死後、あとを継いだオルハンは、一三二六年、ビザンツ帝国の都市プルサ（現ブルサ）を征服し、同地を拠点に、ニカエア（現イズニク）やニコメディア（現イズミト）などトルコ西部の諸都市を次々と攻略していく。

第三代君主のムラト一世の時代になると、オスマン朝はヨーロッパ大陸に進出する。一三六一年、ムラト一世はバルカン地方のアドリアノープル（現エディルネ）を征服し、首都とした。

対するビザンツ帝国は、イスラーム勢力による度重なる襲撃に加えて、第四次十字軍によ

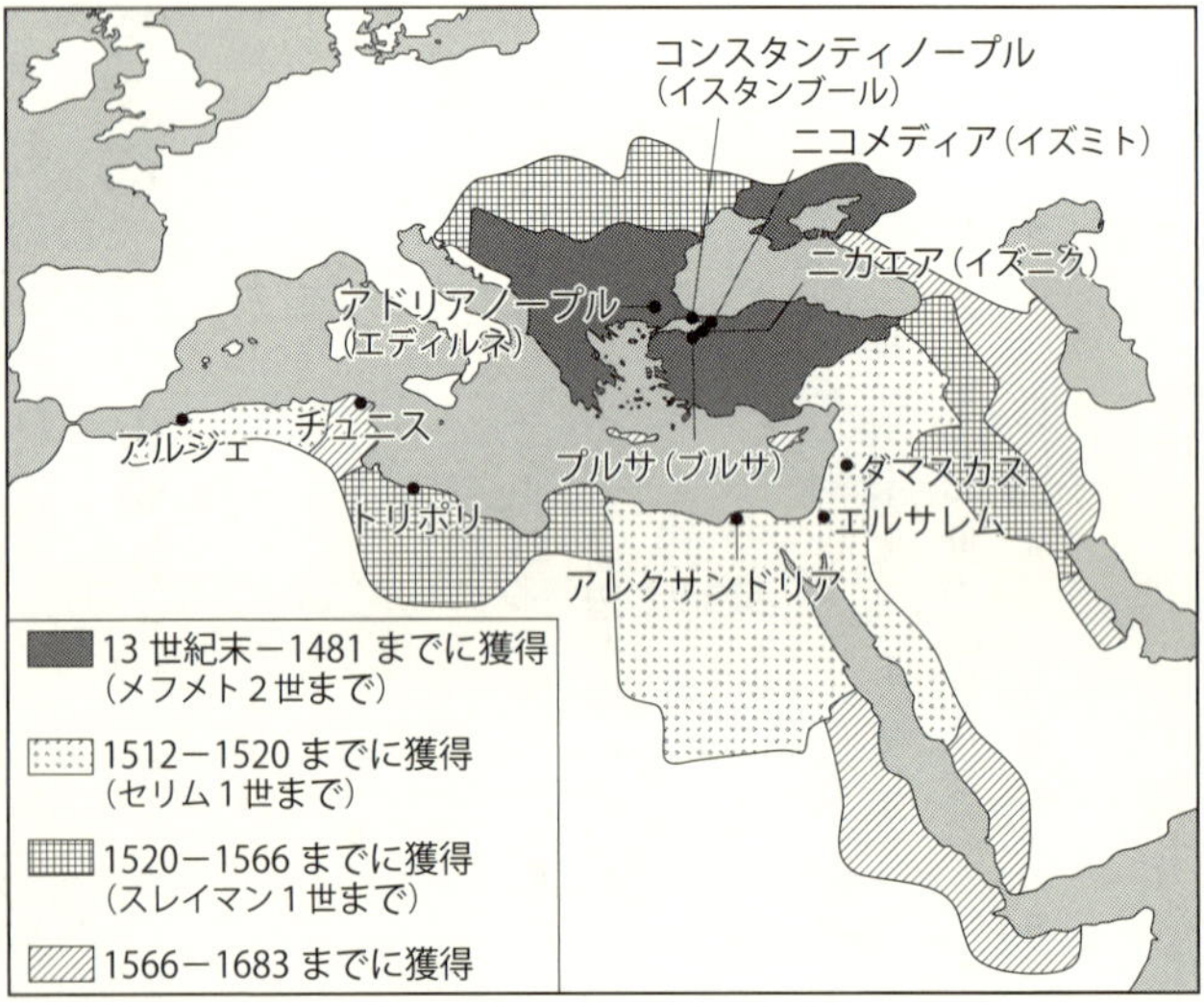

図３—１　オスマン帝国の領土

る侵略を受けて弱体化していた。オスマン朝への貢納と引き替えに、なんとか存続してはいたものの、城壁で囲まれた首都コンスタンティノープル（現イスタンブール）を死守するだけで精一杯であった。

　同じころ、地中海の西側でも政治地図が大きく変動していた。イベリア半島において、カスティリャ王国とアラゴン王国がイスラーム勢力を打ち破り、支配地を広げていたのである。

　一一世紀前半にレオン王国を併合してイベリア半島北西部を支配したカスティリャ王国は、南部へのレコンキスタを進めていく。カスティリャ軍は、トレド、コルドバ、セビリアなどを次々と征服し、一三世紀半ばにはイベ

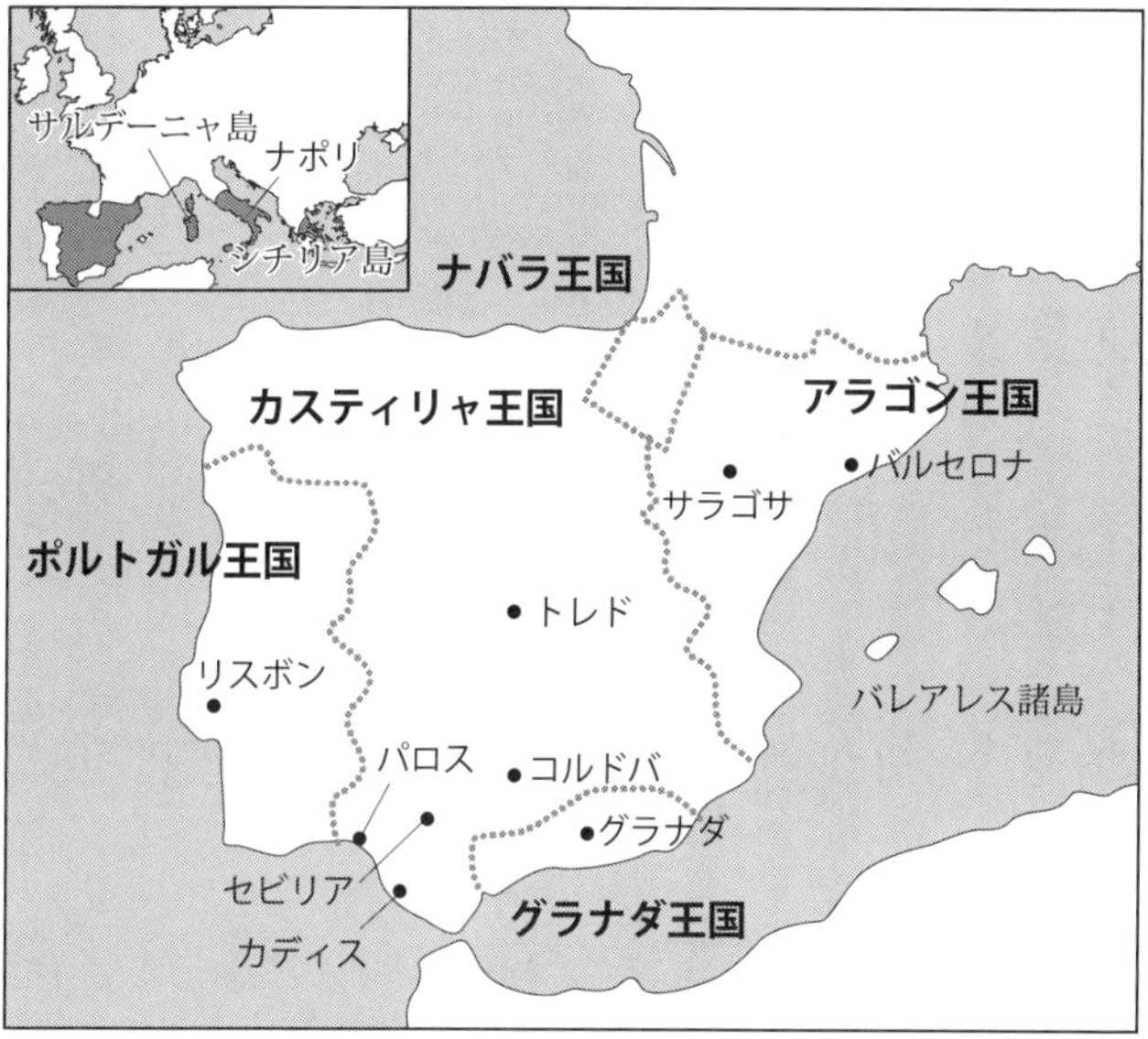

図3－2　カスティリャ王国とアラゴン王国（15世紀中葉）

リア半島の約三分の二に及ぶ領土を支配下に収めた。イスラーム勢力は内部対立から弱体化し、南部にグラナダ王国を残すのみであった。

イベリア半島東部では、一二世紀初頭、アラゴン王国がイスラーム勢力からサラゴサを奪還し、バルセロナ伯カタルーニャと連合して地中海に進出した。アラゴン王国は、一三世紀にスペイン沖のバレアレス諸島やシチリアに進出し、一四世紀にはサルデーニャ島を支配する。一四四二年には、イタリア南部のナポリ王国を併合し、西地中海に広がる海洋王国となった。

このように、カスティリャ王国

はイベリア半島でレコンキスタを進めて領土を拡大し、アラゴン王国は西地中海で勢力を広げていた。そして、一四六九年、アラゴン王子フェルナンド二世とカスティリャ王女イサベルの婚姻が成立し、数年後にそれぞれが国王に即位したことで、一四七九年、両国は統一される。ここにイベリア半島と西地中海に広がるスペイン帝国が誕生するのである。

こうして一五世紀には、東方におけるオスマン帝国と西方におけるスペイン帝国という二つの大帝国が地中海を挟んで出現した。なお、オスマン帝国は、一四五三年にコンスタンティノープルを征服してビザンツ帝国を滅ぼし、スペイン帝国は、一四九二年にグラナダを陥落させてイベリア半島最後のイスラーム王国を滅ぼしている。

異教徒の支配地の征服を完了した両帝国は、このあと、そのエネルギーを地中海へと向けていく。それは、最終的に地中海の覇権をめぐる両帝国の衝突に至ることになる。オスマン帝国とスペイン帝国という地中海の東西に位置する二大帝国の衝突は、イスラーム世界とキリスト教世界の盟主としての戦いでもあった。そして、その後の世界史の行方を左右した両帝国の対決において重要な役割を果たしたのが、海賊だったのである。

レコンキスタと海賊

レコンキスタによってイベリア半島を追われたムスリム住民の多くは、北アフリカに移住し、その結果、北アフリカにはスペインのアンダルシア地方からの優れた文化や技術が伝わることになった。

たとえば、現在でもチュニジアで有名な陶器のナブール焼きやシェシアと呼ばれる羊毛織の赤いふちなし帽の製造技術は、アンダルシア出身の職人によってこの時代に持ち込まれたものである。とくに、シェシア帽製造は、一五世紀以降、チュニスで一大産業に発展し、製造されたシェシア帽はトルコやギリシアなど東地中海方面にも輸出された。その生産数は、

図３―３　ナブール焼き（カイラワーン旧市街）

図３―４　シェシア帽製造（チュニス旧市街）

最盛期には年間八万ダースにも及んだという。

こうした手工芸品の技術とともに、この時代にイベリア半島を追われた人びとによって北アフリカにもたらされたものがある。それが海賊であった。

一五世紀の西地中海では、イタリア諸都市の強力な艦隊が船団方式で海上輸送を保護し、また、北アフリカ諸国とイタリア諸都市の間では条約が結ばれ、通商関係も育まれており、この海域における海賊の活動は限定的であった。

しかし、レコンキスタによって故郷を追われたアンダルシアのムスリムにとって、スペインとの戦いは、個人的な復讐であるとともに、奪われたイスラーム支配地を回復するという宗教的意識にも適《かな》う行為であった。

そして、発達した海洋技術と沿岸地理の知識を持ち、復讐心や宗教的情熱を持ったアンダルシア出身者のなかから、小型ガレー船に乗り込み、スペイン商船やスペイン沿岸を襲う者が現れる。危険を伴いながらも一攫千金《いっかくせんきん》を得られる海賊行為は、実利面から見ても非常に魅力的な企てだったのである。

スペインの反撃

北アフリカを拠点とする海賊に対して、スペインの側も黙って見ていたわけではない。

当時のスペインは、アメリカ大陸からの富が本国へ届きはじめていた時期である。大西洋

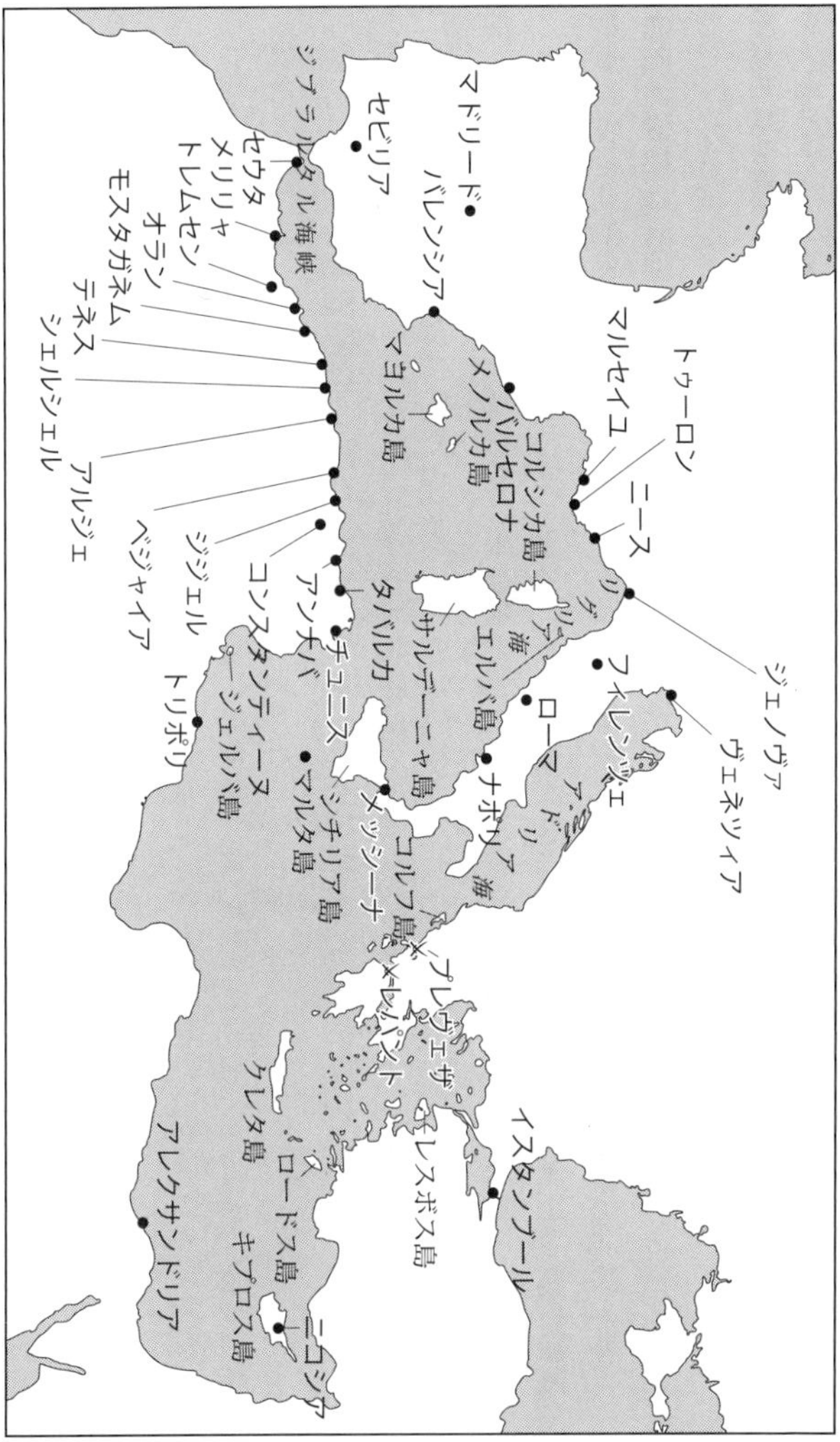
マドリード
セビリア
バレンシア
ジブラルタル海峡
セウタ
メリリャ
トレムセン
オラン
モスタガネム
テネス
シェルシェル
アルジェ
ベジャイア
ジジェル
コンスタンティーヌ
アンナバ
チュニス
タバルカ
マヨルカ島
メノルカ島
バルセロナ
マルセイユ
トゥーロン
ニース
ジェノヴァ
リグリア海
コルシカ島
サルデーニャ島
エルバ島
フィレンツェ
ローマ
ナポリ
ヴェネツィア
アドリア海
メッシーナ
シチリア島
マルタ島
ジェルバ島
トリポリ
コルフ島
プレヴェザ
レパント
クレタ島
ロードス島
レスボス島
イスタンブール
キプロス島
ニコシア
アレクサンドリア

図3—5　地中海の地図

を横断し、ジブラルタルを抜け、いよいよバルセロナに到着しようというときに、金銀を積んだ輸送船が海賊に襲われたのだから、スペインにとってはたまったものではない。国王フェルナンド二世は、北アフリカの海賊の鎮圧を決意し、その拠点港に向けて大規模な艦隊の派遣を決定する。司令官には経験豊かなドン・ペドロ・ナバルロが指名された。

ナバルロ率いるスペイン艦隊は北アフリカに遠征し、一五〇九年にはオランを、翌年にはベジャイアを占領する。スペイン軍は攻略した各港に砦《とりで》を築いて守備兵を置き、海賊の活動を封じ込めた。

さらにナバルロ艦隊は、一五一二年にアルジェを攻撃し、港内に浮かぶ小島を占拠して砦を築く。以後、アルジェに出入りする海賊船は、湾内のスペイン砦から砲撃を受けるという事態になった。なお、一五世紀にポルトガルやスペインが占領した北アフリカのセウタやメリリャは、現在でもスペイン領の飛び地として北アフリカの地に残っている。

ナバルロ艦隊の活躍によって、北アフリカの主要港は次々とスペインに制圧され、海賊の活動は沈静化した。ただし、それは一時的な静寂にすぎなかった。このあと、北アフリカの海賊の側には、地中海の東方から強力な援軍がやってくるのである。

レスボス島の兄弟

ジェノヴァの支配下にあったエーゲ海北東部に位置するレスボス島は、一四六二年にオスマン帝国のメフメト二世によって征服された。その約一〇年前にコンスタンティノープルを攻略したオスマン帝国にとって、レスボス島の征服は地中海進出の第一歩であった。

そのレスボス島に、のちに地中海に名を轟かせる大海賊が誕生する。バルバロッサ（赤ひげ）と呼ばれて恐れられたウルージとハイルッディンの兄弟である。

オスマン帝国の年代記作者シナン・シャウシュによれば、バルバロッサ兄弟の父親ヤクブは、レスボス島を拠点に海上交易を行うムスリム商人であった。ウルージとハイルッディンを含めた四兄弟は、父親の商船に乗り込み、子供のころから海上での生活に慣れ親しんだという。

図３―６　バルバロッサ兄弟

父ヤクブが死ぬと、次男のイシャクと四男のハイルッディンは父親の仕事を引き継いだが、長男のイリアスと三男のウルージは、商人よりも稼ぎの大きい海賊へと転身する。そして海賊として三度目の航海のとき、イリアスとウルージの乗る海賊船は、ロードス島のガレー船と遭遇し、戦闘になった。ロードス島のガレー船とは、聖ヨハネ騎士団のガレー船である。

この戦闘でイリアスは命を落とし、ウルージも騎士団に捕らえられた。知らせを受けたハイルッディンは、ウルージを解放しようと、キリスト教徒商人に身代金交渉の仲介を依頼するが、このとき、ウルージはロードス島にやってきたその商人に対して、「心配はするな、自分でなんとかすると伝えてくれ」と言って、その申し出を断ったという。

このあと、ウルージはガレー船の漕ぎ手として使役させられるが、シリア沖で船団が嵐に遭遇した際、すきを見て海に飛び込み、脱出に成功する。宣言どおり、自らの力で自由を手に入れたのである。そして、行き着いたエジプトのアレクサンドリアで再び海賊業に精を出し、海賊の首領に上り詰めるというのが、シナン・シャウシュが記録するウルージの立志伝である。

一方、一七世紀のスペイン人史家ディエゴ・デ・アエドは、アルジェのトルコ人から聞いた話として、バルバロッサ兄弟の青年期について別の説明をしている。

それによれば、ウルージとハイルッディンの父親ヤクブは、キリスト教徒の貧しい陶工であった。そのため、年長のウルージは二〇歳になると家を出て、生活のためにムスリムに改宗して海賊業に加わったという。そこで活躍したウルージは、やがて自らの船を持ち、海賊の首領となったというのが、ディエゴ・デ・アエドの説明である。

どちらの記述が真実であるのかはともかく、最終的に、ウルージが海賊の首領となったという点は共通している。このあと、ウルージは、弟のハイルッディンとともに西方へと向かう。東地中海では、オスマン帝国の台頭によって交易活動が停滞し、掠奪の対象が減少していたのに対し、先に指摘したとおり、西地中海では、アンダルシア出身の海賊が大きな成功を収めていたのである。

大型ガレー船の拿捕

一五〇四年春、ウルージは、二隻の小型ガレー船で東地中海を横切り、チュニスのラ・グレット港に入る。当時のチュニスは、オスマン帝国の支配下にはなく、チュニスを首都とするハフス朝（一二二九～一五七四年）が統治していた。

ウルージはハフス朝の王に接見し、掠奪品の一部を献納することを条件に、港への出入りと物資調達の許可を得る。

ウルージは、わずか数日のチュニス滞在のあと、ラ・グレットを出港する。ウルージの乗る小型ガレー船は、地中海を北上し、イタリアのエルバ島沖に錨を降ろした。そして、獲物を待ち伏せするウルージの前に、ローマ教皇ユリウス二世が所有する大型ガレー船が姿を現すのである。

二隻の大型ガレー船は、ジェノヴァから商品を満載してローマに戻る途中であり、イタリア沿岸の海域で海賊が待ち受けているとは予期しないまま、ばらばらに離れて航行していた。当初、ウルージの小型ガレー船に乗るトルコ兵たちは、自分たちの三倍の船員が乗船する大型ガレー船を前に戸惑いを見せた。しかし、ウルージは、おじけづくトルコ兵たちを鼓舞すると、大型ガレー船が近づくのを待った。

エルバ島とイタリア沿岸の狭い海峡に差しかかった教皇の大型ガレー船は、無警戒にウルージの小型ガレー船に近づいてきた。そして、船上に武器を構えるトルコ兵の姿を見つけた瞬間、小型ガレー船から銃弾と矢が激しく降り注いだのである。

不意を突かれた船内はたちまち大混乱になり、接舷《せつげん》したウルージの船からトルコ兵がなだれ込んでくると、抵抗することなく、降伏した。こうして、ウルージはまんまと教皇の大型ガレー船を奪い取ったのである。

さらに、ウルージはもう一隻の船にもねらいを定め、奪い取った大型ガレー船に乗り込むと、大型ガレー船の到着を待ち、前回同様、総攻撃を仕掛けて突撃したのである。無警戒の大型ガレー船は、またもその餌食《えじき》となった。ウルージは、拿捕《だほ》した二隻の大型ガレー船を操り、船員や積み荷ともどもチュニスへと向かう。

帰着したチュニスの町でウルージは大歓迎で迎えられた。その経済的な価値もさることながら、小型ガレー船でローマ教皇の大型ガレー船二隻を拿捕するというウルージの勇敢さに町中が沸いたのである。この事件をきっかけに、ウルージの名はチュニスばかりでなく、北アフリカやヨーロッパにも広まることになる。

ベジャイア攻略の失敗

大型ガレー船と漕ぎ手の奴隷を手に入れたウルージは、その後もチュニスを拠点に大胆な遠征を繰り返す。一五〇六年には、スペイン国王フェルナンド二世がナポリ副王に送った大型帆船を攻撃し、五〇〇人のスペイン兵ともども捕獲に成功している。

ウルージの名声を聞いたチュニス南方のガベス湾に浮かぶジェルバ島の領主は、スペイン軍からの攻撃に対抗するため、ウルージに島の防衛を委託する。ウルージは同島に拠点を移して海賊行為を続けたが、数年後にジェルバ島を離れ、西方へと向かう。

すでに見たように、北アフリカには、数年前からスペイン艦隊が派遣され、主要港にはスペイン軍の砦が築かれていた。

一五一二年、約一〇〇〇人のトルコ兵を乗せた小型ガレー船一二隻から編成されるウルージの船団は、アルジェリア沿岸のベジャイアに向かった。ベジャイア近郊に上陸したウルージの一団は、地元の遊牧民の支援も受け、ベジャイア港の砦に立て籠もるスペイン守備兵を攻撃する。

激しい攻防戦は八日間にわたって続いた。そして、トルコ兵が城壁を破ろうかというとき、攻撃の先頭に立っていたウルージがスペイン兵から銃弾を浴びて倒れたのである。指揮官を失ったウルージの軍勢はベジャイア攻略をあきらめ、チュニスへと撤退する。ウルージは一命を取り留めたものの、この傷がもとで左腕の自由を失った。

ただし、ウルージを乗せた船団は、手ぶらでチュニスに戻ったわけではなかった。途中のタバルカ沖で小船を捕獲するのである。その小船とは、ジェノヴァの珊瑚《さんご》漁船であった。ジェノヴァは、チュニスのハフス朝からタバルカ沖で珊瑚漁を行うことを正式に認められており、許可を得て操業をしていた珊瑚漁船が拿捕されたのである。

ジェノヴァとハフス朝との取り決めに反する珊瑚漁船の拿捕は、ジェノヴァの大きな怒りを買うことになる。そして、この偶発的な事件が、バルバロッサ兄弟と後々まで因縁の関係となる一人のジェノヴァ人を呼び起こすことになった。その人物とは、ジェノヴァの提督アンドレア・ドーリアである。

タバルカでの珊瑚漁船の拿捕の報を受けたジェノヴァ元老院は、ドーリアにチュニス遠征を命じる。ドーリアは、ただちに一二隻のガレー船団を率いて出港すると、地中海を南下し、チュニスに帰港していたウルージの船団を襲撃する。

不意をつかれたウルージの船団はなすすべもなかった。そもそも、指揮官ウルージはいまだ病床の身であった。ドーリアは、ジェノヴァ船を取り戻しただけでなく、ウルージの小型ガレー船六隻を奪い取り、意気揚々とジェノヴァに帰還する。

片腕が不自由となり、船団の半数が奪われたウルージであったが、失意に暮れることなく、傷が癒えると、再び鋭気をみなぎらせる。一五一四年、ウルージは、船団を率いて再びベジャイアに向かうのである。

ただし、二度目のベジャイア遠征でも、スペイン砦を攻略することはできなかった。強固な砦とスペインからの援軍も加わった守備隊を前に、ベジャイアの攻略を断念するのである。ウルージはベジャイアを離れ、約一〇〇キロ東方の小さな町ジジェルに撤退する。

アルジェ王ウルージ

ベジャイアの攻略に失敗し、ジジェルに退いていたウルージのもとに転機が訪れる。

一五一六年、スペインのフェルナンド二世が他界すると、この機にスペインの支配から脱しようと、アルジェのアラブ人首長サリームは、港内の砦に駐留するスペイン兵の追い出しを画策し、その実行のためにウルージに援助を要請するのである。

サリームからの要請を受け、ウルージはすぐにアルジェ遠征の準備に取りかかる。トルコ兵五〇〇人、小型ガレー船一六隻の船団を編成してアルジェに向かわせ、自らはアラブ兵を率いて陸路で西へと進軍した。

ウルージは、アルジェ西方約七〇キロのシェルシェルで船団と合流し、アルジェへと向かう。ただし、ウルージは、スペイン砦を攻略する前に、アルジェの首長サリームを殺害し、アルジェを乗っ取るのである。

一方、殺害されたサリームの息子は、アルジェから約四〇〇キロ西のオランに逃げ延び、同地に駐屯していたスペイン軍に援助を求める。敵の敵は味方の論理である。

そして、アルジェ支配をもくろむスペインは、この要請に応え、本国から約一万人に及ぶ軍隊の派遣を決定する。

一五一七年春、フランシスコ・デ・ベラ率いるスペイン艦隊は地中海を南下し、アルジェを目指した。しかし、艦隊がアルジェ沖に迫ったとき、天候は荒れ、突風が艦隊を襲う。

現在でも、アルジェでは、三月や四月は「モア・ド・フー（狂気の月）」と呼ばれることがある。晴れていたかと思うと、突然の大雨や突風が吹き荒れるのである。そして、五〇〇年前のこの日も、アルジェ特有の狂気の天候にスペイン艦隊は襲われたのである。

船の大半は転覆し、かろうじて岸に泳ぎ着いたスペイン兵も、待ちかまえていたウルージ軍の攻撃になすすべがなかった。スペイン軍の惨敗である。

スペイン軍を撃退したウルージであったが、今度は、アルジェ近隣のアラブ人首長たちが反乱をもくろむ。地元のアラブ人首長にしてみれば、ウルージは、突然現れてアルジェを乗っ取ったトルコ人にすぎず、その支配を認めることはできなかったのである。

ウルージの追放が計画され、一五一七年六月、アラブ人の約一万の軍勢は、テネスの首長の下に集結し、アルジェへと進軍する。

知らせを聞いたウルージは、黙って敵の来襲を待つような性格ではなかった。弟ハイルッディンにアルジェの守りを託すと、アラブ軍を迎え撃つべく、トルコ兵を率いてテネスへと向かう。トルコ兵は約一〇〇〇人にすぎなかったが、アラブ人たちが所有していなかったマスケット銃を備えていた。

ウルージ軍とアラブ軍はアルジェ西方で衝突する。そして、数では大きく上回っていたはずのアラブ軍は、トルコ兵による一斉射撃に倒れ、大敗を喫するのである。テネスの首長は逃亡し、ウルージは、難なくテネスの町に進軍し、占領した。

ウルージの最期

テネスに落ち着いたウルージのもとに、今度はアルジェリア西部のトレムセンから密使がやってくる。トレムセンに首都を置くザイヤーン朝（一二三六～一五五〇年）は、数年前に朝廷内で後継者争いが生じていたが、このときに追放された一派が、現王から王位を奪還するためにウルージに援軍を請願しに来たのである。

ウルージにとっては、トレムセンを支配下に置く絶好のチャンスであった。九月、ウルージはテネスを立ち、トレムセン遠征に出発した。

迎え撃つザイヤーン朝は、ウルージ軍を返り討ちにするため、トレムセンから出兵し、オランの東に位置するモスタガネム近郊で両軍は衝突した。そして、ウルージ軍はここでも勝利するのである。

ザイヤーン朝の王はトレムセンに逃げ戻ったが、反王派の地元貴族に殺害された。このあと、ウルージはトレムセンに入城し、その冬を一三世紀以来ザイヤーン朝の都となっていたトレムセンで過ごす。

一方、ウルージがザイヤーン朝軍を破った一五一七年九月、スペインでは、一七歳のカルロス一世が新国王として統治を開始していた。

オランに駐屯するスペイン司令官のコマレス侯爵は、この機会に若き新国王に対して、北アフリカで起きている事態を伝え、ウルージ討伐の軍を送るように請願した。カルロス一世は、その進言を聞き入れ、一万に及ぶスペイン兵を送り込む。

図3―7　トレムセンの城壁

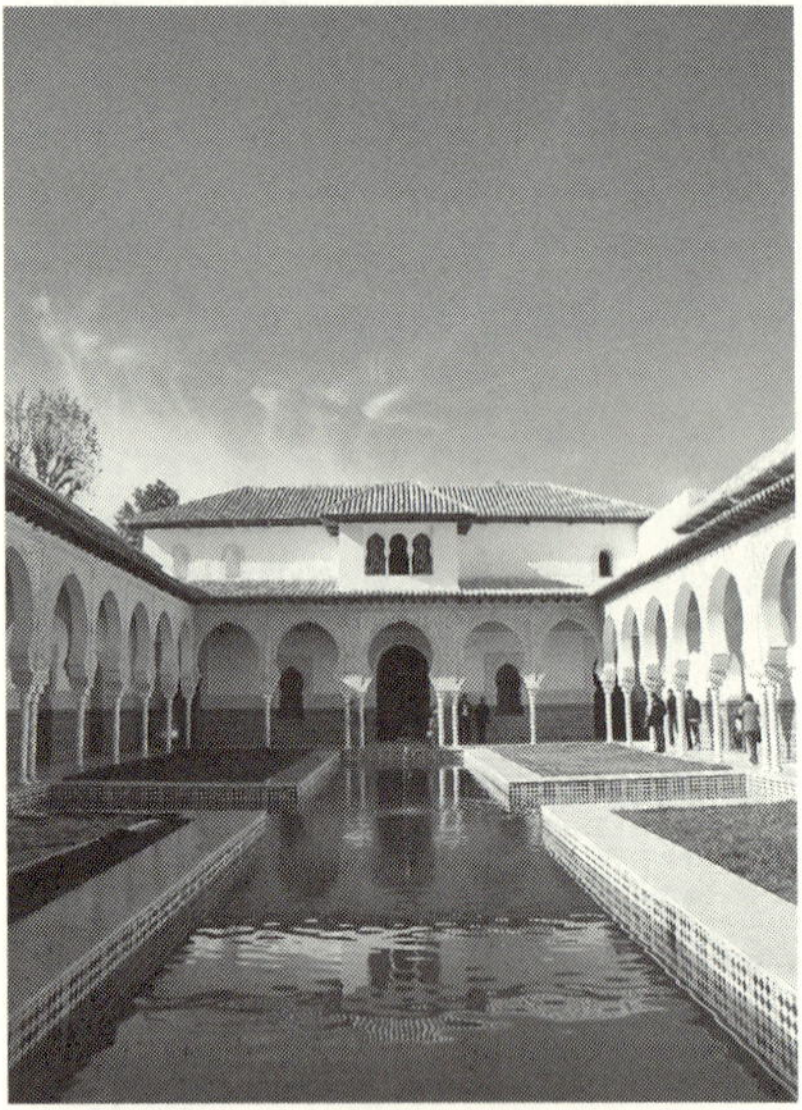

図3―8　トレムセンの王宮

一五一八年五月、大軍を率いてオランに戻ったコマレス侯爵は、ウルージのいるトレムセンに向けて進軍を開始する。

スペイン軍が迫っているという報に接したウルージは、さすがに一五〇〇人程度のトルコ兵では対抗できないと悟り、トレムセンを離れ、アルジェへと撤退する。

ウルージ軍は、スペイン軍に気づかれないように退路を選びながらアルジェに向かうが、トレムセンから約五〇キロ東のフエクサダ川に差しかかったとき、スペイン軍に発見され、総攻撃を受ける。

ウルージは、トレムセンから持ち出した財宝をばらまき、敵の注意を逸《そ》らそうとするが、スペイン軍は、ためらわず猛然とウルージ軍に襲いかかった。もはや逃げ延びることはできないと悟ったウルージは、片腕でスペイン兵を蹴散らしながら、ライオンのように戦い続けたと伝えられている。ウルージに従ったトルコ兵も最後まで忠誠を尽くし、生き延びた者はほとんどいなかったという。

この戦いを伝える史家ディエゴ・デ・アエドは、次のような記述でウルージの伝記を締めくくっている。

ウルージを知る人びとによって伝えられるところによると、ウルージが死んだとき、彼の年齢は四四歳であった。背は高くはなかったが、非常に頑丈で健康な肉体を持っていた。赤ひげを生やし、その目は力に満ちて情熱に溢れ、鷲鼻《わしばな》で、肌は日焼けして浅黒かった。彼は、エネルギーに溢れ、極めて勇敢で、危険を恐れず、かつ高潔で、大いなる寛大さを備えていた。彼は、戦闘中や反抗された場合を除けば、彼自身、残虐に振る舞うことはなかった。彼は、周囲から非常に愛された人物であったが、同時に、兵士からは畏敬の念を絶えず受けていた。兵士たちは、彼の死に接し、止めどなく涙を流したという。彼は、子どもを残さなかった。

彼は、バルバリア地方（アルジェリア・チュニジア・モロッコの通称）で一四年を過ごしたが、その間、キリスト教徒は災禍に遭遇した。ジジェルの王として四年、アルジェの王として二年、トレムセンの王位簒奪者《さんだつ》として一年の日々であった。

（Diego de Haedo, *Histoire des Rois d'Alger*）

アルジェ総督ハイルッディン

ウルージの後継者としてアルジェの支配者となったのは、弟のハイルッディンであった。ただし、ハイルッディンを取り巻く状況は危機的であった。コマレス侯爵率いるスペイン軍は、ウルージ軍を壊滅させたあと、オランに引き上げたものの、いつアルジェに進軍してくるかわからなかったからである。そして、ハイルッディンは、自分たちだけではスペイン軍に対抗できないと考え、オスマン帝国に支援を要請するのである。

ハイルッディンは、オスマン帝国の第九代スルタンであるセリム一世（在位一五一二～二〇年）に使者を送り、アルジェをオスマン帝国の属州とする代わりに、オスマン帝国による軍事的な庇護《ひご》を求める。その申し出は、西地中海への進出をもくろんでいたセリム一世にとっても、好都合な提案であった。

セリム一世は、ハイルッディンをオスマン帝国のアルジェ総督として任命するとともに、すぐに約二〇〇〇人のトルコ兵をアルジェに送る。こうして、アルジェはオスマン帝国の属州になった。

オスマン帝国からの援軍とアルジェ総督としての地位を得たハイルッディンは、アルジェ領内の統治体制を固めていく。それまで対立していた近隣のアラブ人首長と融和をはかり、かつてウルージが追放したテネスの首長に町の統治権を返還した。同時に、東部への遠征を開始し、コンスタンティーヌやアンナバなどを征服して支配地を広げていく。

さらに、ハイルッディンは、アルジェの港を海賊たちに開放するのである。またたく間に、アルジェはムスリム海賊の一大根拠地となった。

一方、スペイン王カルロス一世（在位一五一六～五六年）は、一五一九年にフランス王フランソワ一世（在位一五一五～四七年）を退けて神聖ローマ皇帝に選出されていた。いまや、カルロス一世は、神聖ローマ帝国の皇帝としてカール五世を名乗り、キリスト教世界を主導する立場になったのである。

図3―9　カール5世（ティツィアーノ・ヴェチェッリオ作、1548年）

カール五世は、ヨーロッパ諸国への掠奪行為を繰り返すムスリム海賊を鎮圧するため、その拠点となっていたアルジェ遠征を決意する。カール五世からアルジェ遠征を命じられたドン・ウーゴ提督は、五〇隻の艦隊を編成し、スペイン兵五〇〇〇人を乗せてアルジェへと向かう。

しかし、この輝かしい神聖ローマ皇帝の艦隊も、二年前のデ・ベラ艦隊と同じく、アルジェ沖で強烈な嵐に遭遇するのである。ドン・ウーゴ艦隊は、散り散りになって岸にたたきつけられ、なんとか上陸したスペイン兵も、待ちかまえたトルコ兵の餌食となった。スペイン軍のアルジェ遠征は、またもや失敗に終わるのである。

この遠征以降、カール五世はフランス王フランソワ一世との戦争に明け暮れ、北アフリカへの関心はしばらく遠のくことになる。そして、スペインの脅威が緩んだこの機に、ハイルッディンは、アルジェ港の入り口に築かれたままのスペイン砦の攻略に着手する。

図3—10　アルジェ港内の小島を結ぶ堤防の一部

一五二九年五月、アルジェ港内の小島のスペイン砦に対して、激しく大砲が打ち込まれた。砲撃は一五日間にわたって昼夜を問わず続いたという。砦に立て籠もっていたのは、二〇〇人余りのスペイン守備兵であった。一六日目、ついにトルコ兵が内部に突入し、スペイン砦は陥落する。砦のなかでは、重傷を負ったマルティン・デ・バルガス大尉と五三人の兵が残っているのみだったという。

スペイン砦は破壊され、その石材で島と陸とを結ぶ堤防が築かれた。長さ約二〇〇メートルにわたる堤防の建設には約二年の月日が費やされたが、そのときに造られた堤防の一部は、いまでもアルジェ港で見ることができる。

チュニス攻略

そのころ、アルジェに隣接するチュニスのハフス朝では内紛が生じていた。後継者争いにおいて親族四〇人余りを殺害して王の地位についたハサンに対し、反感が高まっていたのである。

図3—11　スレイマン1世（ティツィアーノ・ヴェチェッリオ作、1530年）

一五三三年、ハサンに恨みを抱く一派は、ひそかにアルジェのハイルッディンのもとに赴き、反乱への支援を依頼する。ハイルッディンにとっても、かつてウルージとともに拠点とし、また、地中海の要所でもあるチュニスは魅力的な町であった。

ただし、この依頼を受けたとき、ハイルッディンは、オスマン帝国のスルタンに謁見するため、イスタンブールに赴くところであった。当時のスルタンは、セリム一世の息子スレイマン一世である。

一五二〇年から六六年までの四〇年以上にわたってスルタンの座にあったスレイマン一世は、オスマン帝国の最盛期に君臨したスルタンである。一五二二年には、聖ヨハネ騎士団をロードス島から追放して東地中海の覇権を握り、一五二九年には、軍を率いてウィーンを包囲したことでも知られている。スレイマン一世は、神聖ローマ皇帝カール五世やフランス王フランソワ一世とともに、この激動の時代を代表する人物である。

イスタンブールに赴いたハイルッディンは、スレイマン一世からオスマン艦隊の整備を命じられる。オスマン帝国における海軍の伝統は浅かったため、海戦の経験が豊かなハイルッディンに白羽の矢が立ったのである。そして、ハイルッディンは、わずか数ヵ月のうちに六〇隻余りのガレー船を建造するなどオスマン帝国における海軍の礎を築くことになる。

一五三四年春、スレイマン一世は、ハイルッディンをアルジェ総督から北アフリカ総督に昇格させ、四〇隻のガレー船を与えた。

同年八月、ガレー船団を率いてイスタンブールを出発したハイルッディンは、チュニスのラ・グレット港に襲いかかる。ただし、ハイルッディンはもはや海賊の首領としてではなく、八〇〇〇人余りの兵を指揮するオスマン帝国の北アフリカ総督として、チュニスを攻撃したのである。

オスマン帝国艦隊の襲撃の報を受けたハフス朝のハサンは、恐れをなしてチュニスから逃げ出し、姿をくらました。こうして、ハイルッディンは戦わずしてチュニスに入城する。ハサンの圧政に不満を募らせていたチュニス住民は、ハイルッディンを解放者として歓迎した。

一方、チュニスを追われたハサンは、王位を取り戻すため、スペインに助けを求める。ハサンは、自らの復位後にはスペインの支配下に入ることを誓い、ハイルッディン追放のためにスペイン軍の派遣を請願したのである。

度重なるアルジェ遠征に失敗していた神聖ローマ皇帝カール五世は、オスマン帝国の西地中海への進出を食い止める目的もあり、ハサンの提案を受け入れ、チュニス遠征を決意する。

カール五世は、スペインやイタリアから精鋭部隊を招集し、大艦隊の編成を命じた。

そして今回は、カール五世自らが遠征の指揮官としてチュニスに赴くのである。艦隊の司令官には、アンドレア・ドーリアが任命された。

ジェノヴァ提督アンドレア・ドーリア

古代ローマ時代に、ローマとマルセイユを結ぶ寄港地として栄えたジェノヴァは、中世に入ると、東地中海や黒海に進出して交易のネットワークを拡大し、ヴェネツィアと並んでイタリアを代表する海港都市国家として発展した。

地中海や黒海での利権をめぐってヴェネツィアとの間で激しい争いが繰り広げられたが、一四世紀以降は、ヴェネツィアやオスマン帝国との争いに敗れ、次第に東方での拠点を失っていく。そして一五世紀には、ジェノヴァ本国がフランスやミラノ公国の支配を受けるに至るのである。

一四六六年、ジェノヴァの名家であるドーリア家に生まれたアンドレア・ドーリアは、士官として数々の軍役を重ね、一五〇三年のコルシカ戦役における海戦で功績を挙げたのち、ジェノヴァ海軍の大提督に任命された。

順調に見えたドーリアであったが、一五二二年、ジェノヴァでの政変によって、ドーリア家が失脚し、ドーリア自身もジェノヴァを追われることになった。

ドーリアが向かったのはフランスであった。ドーリアは、フランス王フランソワ一世の下で海軍提督として仕えるのである。

しかし、自らの待遇とフランソワ一世のジェノヴァに対する横暴な政策に不満を覚えたドーリアは、一五二八年、フランソワ一世に反旗を翻し、ジェノヴァ共和国の独立を約束するスペインのカール五世のもとに向かう。

このとき、フランスはイタリア南部に侵攻し、スペイン支配下のナポリを攻略寸前であった。しかし、ドーリア率いる艦隊の離反によって海上からの食糧補給を絶たれたフランス軍は、やむなく南イタリアから撤退した。結果として、ドーリアの離反はフランスのイタリア支配を阻止したのである。

図3—12　アンドレア・ドーリア（セバスティアーノ・デル・ピオンボ作、1526年）

一般に、ドーリアは、フランスやスペインを渡り歩いた遍歴から、海の傭兵隊長とも称されるが、それは自らの意志というよりも、フランスやスペインという大国の間で翻弄された小国ジェノヴァで生まれた軍人としての運命であったようにも思える。

ちなみに、この時代、ドーリアのほかにもう一人、世界史を動かす大提督をジェノヴァは生み出している。ラテン語読みでコロンブスとして知られる大洋提督クリストーフォロ・コロンボである。コロンブスは、ドーリアより一五年早い一四五一年にジェノヴァ郊外で生まれている。

なお、ドーリアとコロンブスは、どちらも熱心なキリスト教信仰者であったという。中世的な性格を兼ね備え、その宗教的な情熱を伴った行動によって次の新たな時代を切り開いたというのは、歴史の興味深い点である。

カール五世のチュニス遠征

一五三五年七月、ドーリアが指揮するスペイン艦隊は、カール五世を乗せ、バルセロナからチュニスに向けて出港する。遠征の最大の目的は、ハイルッディンを掃討し、オスマン帝国の影響力を西地中海から排除することであった。

スペイン軍は、国王の出陣にふさわしい華々しい陣容であった。スペイン、ドイツ、イタリア、ポルトガルなどから集まった二万五〇〇〇の兵を乗せ、艦隊は大型ガレー船が九〇隻、帆船が四〇〇隻で編成され、大量の大砲や砲弾が積み込まれた。スペイン艦隊は、サルデーニャ島でマルタ騎士団の艦隊と合流し、チュニスを目指した。

一方、オスマン帝国北アフリカ総督であるハイルッディンの側も、チュニスのラ・グレット港の砦を増強し、スペイン艦隊を迎え撃つ態勢を整えていた。

そして、いよいよスペイン艦隊がチュニス沖に姿を現す。ドーリアの号令でラ・グレット港に向けて、スペイン艦隊から激しい砲撃が始まった。カール五世は、海上からの攻撃をドーリアに任せ、自らは軍を率いてラ・グレット近郊に上陸し、陸上から砦へ砲撃を加えた。

図3—13　ラ・グレット港への攻撃（フランス・ホーヘンベルフ作、16世紀）

海と陸からの砲撃は三週間にわたって続いたという。そしてついに、ラ・グレット砦の一部が崩落した。マルタ騎士団の騎士を先頭に、スペイン軍がなだれ込み、激しい攻防の末、砦は陥落する。

ラ・グレット港を奪われたとはいえ、そこから五キロほど離れたチュニスの町は、城壁と一万近い兵で守られていた。しかし、ここで事件が起こる。チュニス内のキリスト教徒奴隷が反乱を起こし、出陣したハイルッディン軍が城内に戻れないように門を閉ざしたのである。

チュニスの町から締め出されたハイルッディンは、四〇〇〇人の兵とともにチュニスを離れ、艦

図3—14　カール5世のチュニス掠奪

隊を待機させていた西方の町に逃亡した。一方、カール五世は、難なくチュニスに入城する。このとき、チュニスの町では、約二万人のキリスト教徒奴隷が解放されたという。

チュニスから撤退したハイルッディンであったが、すぐに三〇隻余りのガレー船団を率いてスペインのメノルカ島を襲い、マオンの町を掠奪して六〇〇〇人余りの住民を連れ去っている。スペイン軍の防備はチュニス遠征で手薄になっており、その隙がねらわれたのである。ドーリアはすぐにハイルッディンを追ったが、ハイルッディンの艦隊を見つけることはできなかった。

ただし、スペインの側も、ハイルッディンの海賊行為を責めることはできないであろう。というのも、掠奪行為を行っていたのはハイルッディンばかりではなかったからである。チュニスに入城したカール五世の軍は、占拠した町を三日間にわたって徹底的に掠奪したのである。チュニス住民の三分の一は殺され、三分の一は奴隷になったという。

そして、チュニスでは、事前の取り決めのとおり、ハフス朝のハサンが復位した。しかし、虐殺を働いたスペイン軍によって権力の座についたハサンの統治がうまくいくはずはなかった。チュニス周辺からは、ハサンに対する反乱が相次いだ。ハフス朝はスペイン軍の支援を受けてその後四〇年近く続いたものの、ハサン自身は、後継者の息子によって罪を問われ、牢獄《ろうごく》につながれたまま死んだ。

プレヴェザの海戦

メノルカ島での掠奪を終えてアルジェに戻ったハイルッディンは、チュニス奪回を目指し、再攻略を計画する。そして、その援軍をスレイマン一世に要請するため、イスタンブールに赴くのである。ハイルッディンのガレー船団には、スレイマン一世に献上するため、メノルカ島から連れてきたキリスト教徒奴隷が乗せられたという。

ただし、イスタンブールで謁見したスレイマン一世は、ハイルッディンに対して、チュニスの再攻略ではなく、イタリア南部の襲撃を指示するのである。そして、スレイマン一世は、ハイルッディンをオスマン帝国海軍の大提督（カプタン・パシャ）に任命した。

こうして、レスボス島の無名の家で生まれたハイルッディンは、海賊の首領となり、アルジェの支配者となり、そしてついに、オスマン帝国海軍の頂点にまで上り詰めたのである。

ハイルッディンは、スレイマン一世の命令に従い、オスマン艦隊を率いてイタリア南部に向かう。オスマン帝国海軍の大提督に就任したとはいえ、海賊出身のハイルッディンの手法に変わりはなかった。ハイルッディンが率いるオスマン艦隊は、イタリア南部沿岸の町を襲い、掠奪を繰り返すのである。そして、この海賊行為に対し、ついにヨーロッパ諸国が立ち上がる。

一五三八年、神聖ローマ帝国、ヴェネツィア共和国、ローマ教皇領などは、オスマン艦隊を撃退するため、神聖同盟を結成し、連合艦隊を編成するのである。連合艦隊の総司令官には、ドーリアが選出された。

こうして、ハイルッディンとドーリアは、再び対決の時を迎えることになった。レスボス島出身の「海賊」とジェノヴァ出身の「傭兵隊長」が、イスラーム世界とキリスト教世界の命運を握ることになったのである。このとき、ハイルッディンもドーリアも六〇歳を越えていた。

オスマン艦隊とヨーロッパ艦隊は、ギリシア南西部のアドリア海入り口にそれぞれ集結した。戦力だけでいえば、ヨーロッパ艦隊は兵士六万、艦船三〇〇隻、オスマン艦隊は兵士二万、艦船一二〇隻と、ヨーロッパ側が有利であった。

ハイルッディンは、ヨーロッパ艦隊がコルフ島に集結していることを知ると、プレヴェザ湾に入り、相手を待ち受けた。そして、一五三八年九月二五日、ヨーロッパ艦隊がプレヴェザ湾に近づいてくると、オスマン艦隊は出撃し、臨戦態勢に入る。

互いに出方をうかがいながら三日が過ぎ、同月二八日、ついにハイルッディンが攻撃命令を出し、ヨーロッパ艦隊に襲いかかる。

しかし、オスマン艦隊からの攻撃に対し、ヨーロッパ艦隊の総司令官ドーリアは全面対決を避け、さらに風向きが不利になると、戦線から離脱してしまうのである。

総司令官ドーリアが戦闘に消極的であった理由として、自らが所有する艦船の損失を避けたという説や、ジェノヴァの仇敵《きゅうてき》ヴェネツィアのための戦いに熱意を持てなかったという説、連合艦隊ゆえに統一的な作戦が遂行できなかったという説など、さまざまな説明がなされている。

結局、両艦隊ともわずか数隻の損害を出しただけで、この海戦は幕を閉じるのである。ただし、規模では大きく勝っていたヨーロッパ艦隊がオスマン艦隊を前に撤退したのは事実であった。結果的に見れば、オスマン艦隊を撃退するというヨーロッパ艦隊の目的は、失敗に終わったことになる。

このあと、神聖同盟への不信を募らせたヴェネツィアは、一転して、一五四〇年、単独でオスマン帝国と和平条約を結ぶ。ヨーロッパ諸国の意思統一は不可能になり、オスマン帝国に対するヨーロッパ神聖同盟は目的を果たせぬまま瓦解した。

カール五世のアルジェ遠征

カール五世がチュニスを攻略したとはいえ、アルジェは依然として海賊の根拠地となっており、地中海における海賊行為は繰り返されていた。アルジェの統治を任されていたのは、ハイルッディンがサルデーニャを襲撃したときに連れ去り、自分の子供のように育てたハッサンという人物であった。

海賊の拠点となったアルジェに対し、カール五世は再び遠征を決意する。そして、成功を収めたチュニス遠征と同様に、艦隊の司令官にドーリアを任命し、自らも出陣するのである。カール五世率いるスペイン軍は、チュニス遠征時と同等の大規模な陣容となった。スペインの記録では兵二万四〇〇〇人、船員一万二〇〇〇人となっている。艦隊は、ガレー船六五隻、輸送船四〇〇隻以上で、大砲や砲弾、軍馬二万頭なども積み込まれた。トルコの年代記作者は、アルジェ沖に現れたスペイン艦隊について、「海上は船で埋まり、その数を数えることは不可能だった」という守備隊長の話を伝えている。

一五四一年一〇月一九日、カール五世を乗せたスペイン艦隊は、マヨルカ島からアルジェに向けて出港する。しかし、ドーリアはこの出発に反対したという。海が穏やかな夏がすでに終わっていたからである。

そして、ドーリアの懸念は現実のものとなる。同月二四日、アルジェ沖に達したスペイン艦隊を突然の嵐が襲うのである。スペイン艦隊は、その前日にアルジェ上陸を開始していたとはいえ、ほとんどの艦船は海上で待機したままであった。

それでも、カール五世を筆頭に、上陸を果たした一部のスペイン軍は、アルジェの町を包囲する。しかし、激しい雨の影響で火器が使えず、また、弾薬や食料などの物資も欠いたまま、スペイン軍はたちまち窮地に陥ってしまう。そこに、アルジェ城内からトルコ兵が突撃してきたのである。スペイン軍は敗走し、カール五世自身も近郊の野営地に撤退した。

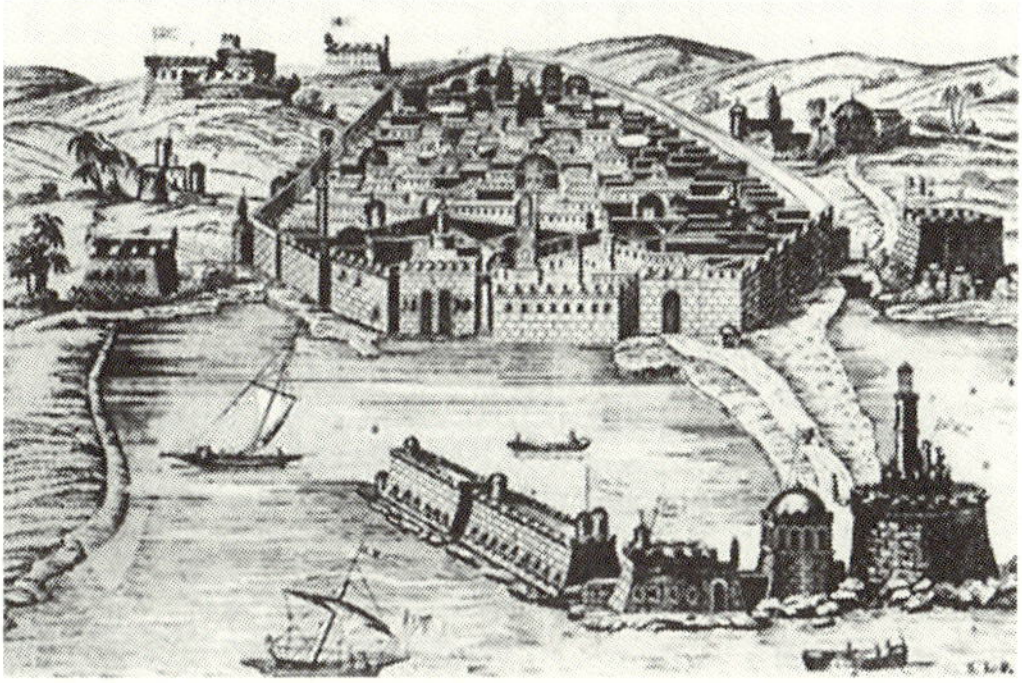

図3—15　16世紀のアルジェ

翌二五日はさらに天候が悪化し、海上は暴風となった。ドーリアの制止にもかかわらず、多くの艦船は、国王カール五世に合流するため、上陸を目指して岸に近づき、次々と座礁し、沈没した。この日だけで約三分の一の一五〇隻余りが失われたという。そして、なんとか上陸したスペイン兵も、アルジェ軍に撃退されたのである。

つい一週間前に意気揚々とマヨルカ島を出発したスペイン艦隊は、いまやその面影なく、兵士の士気も下がり、撤退以外の選択肢は残されていなかった。スペインにとっては、三度目の屈辱であった。

なお、このアルジェ遠征に参加したスペイン軍のなかに、エルナン・コルテスがいる。一五二一年、アステカ王国を滅ぼし、ヌエバ・エスパーニャ（メキシコ）総督の地位を得た征服者（コンキスタドール）である。コルテスは、政治的対立から総督の職を失い、一五四〇年にスペインに帰国していた。

そのコルテスにとって、アルジェ遠征はカール五世に忠誠を示し、武功を挙げて新大陸での総督の地位を取り戻す絶好の機会であった。コルテスは、敗走するスペイン軍のなかで最後までアルジェ撤退に反対したという。スペインに帰国したコルテスは、結局、総督に再び任命されることのないまま、アルジェ遠征から六年後の一五四七年、セビリア近郊で六二年の生涯を閉じた。

不信心な同盟

この時代、フィレンツェの外交官を務めたニッコロ・マキアヴェリは、一五一三年、『君主論』を完成させた。マキアヴェリの『君主論』は、宗教的・道徳的な価値観に基づく中世的な政治思想から転換し、冷徹な計算に基づく近代的な政治思想の到来を告げた著作である。

たとえば、君主が信義を守るべきかどうかについて、マキアヴェリは次のように記している。

図3―16　フランソワ1世（ジャン・クルーエ作、1535年）

君主が信義を守り、狡知《こうち》によらず誠実に生きることがいかに称讃に値するかは、何人《なんぴと》といえども知っている。しかしながら経験によれば、信義のことなどほとんど眼中になく、狡知によって人々の頭脳を欺くことを知っていた君主こそが今日偉業をなしている。そして結局信義に依拠した君主たちに打ち勝ったのである。

（マキアヴェッリ『君主論』佐々木毅訳）

マキアヴェリの主張は、前章で見たアウグスティヌスの思想とは対照的である。

マキアヴェリによれば、君主が統治を行う際に優先すべきは、信義ではなく、狡知にほかならない。すなわち、アウグスティヌスが重視したような宗教的・道徳的原理は軽視され、代わりに、秩序の維持や権力そのものに価値が置かれているのである。

そして、この時代のマキアヴェリズムの実践者ともいえるのが、フランス王フランソワ一世であった。フランソワ一世は、カール五世よりも六年早い一四九四年に生まれ、一五一五年にフランス王位を継いだヴァロワ朝第九代の王である。

栄光に彩られたカール五世の生涯とは違い、フランソワ一世の生涯は挫折に満ちている。その始まりは、一五一九年の神聖ローマ皇帝選挙での敗北であった。さらに、一五二五年のイタリアのパヴィアの戦いの際には、フランソワ一世自身がスペイン軍に捕らえられ、マドリードに幽閉されてしまう。カール五世に皇帝選挙で敗れたばかりか、自らが捕囚されてしまったのである。

翌年、フランソワ一世は、イタリアにおけるフランスの権益を放棄するマドリード条約に署名し、解放されるが、フランスに帰国すると、すぐに同条約の無効を宣言する。その後、フランス軍は南イタリアに侵攻するが、ナポリ攻略を目前にして、一五二八年、ドーリアの裏切りにあって補給路を断たれ、南イタリアから撤退したことは先に指摘したとおりである。

そして、フランソワ一世は、カール五世に対抗するため、驚くことに、オスマン帝国に接近するのである。フランスとオスマン帝国は、反カール五世という点で立場を同じくするとはいえ、イスラーム世界の盟主であるオスマン帝国は、本来、キリスト教世界にとっては宿敵のはずである。

一五三二年、フランソワ一世は、スレイマン一世のもとに使節を送り、友好関係の構築をはかる。フランス王からスレイマン一世には、壮麗な四層の王冠が贈答されたという。

翌一五三三年、今度はフランソワ一世のもとに、当時、アルジェ総督であったハイルッディンの特使がやってくる。フランソワ一世は、ハイルッディンの特使と接見し、フランスとアルジェは友好関係を取り交わす。

なお、先に見たハイルッディンのチュニス攻略は、翌年の一五三四年夏である。ハイルッディンにとっても、北アフリカでスペインに対抗するにあたり、フランスと友好関係を築くことは大きな意味があったのである。

一五三五年春、チュニスを攻略したハイルッディンのもとに、フランソワ一世からの使者がやってくる。フランソワ一世は、ハイルッディンに対して、ジェノヴァやシチリアを攻撃するように要請したのである。

ただし、この直後にカール五世によるチュニス遠征が行われたため、フランソワ一世とハイルッディンの共同作戦は実現しなかったが、皮肉なことに、カール五世によるチュニス遠征の成功はスレイマン一世の危機感をあおり、結果的にオスマン帝国とフランスをさらに接近させることになる。

一五三六年、フランソワ一世は、イスタンブールに大使を送り、スレイマン一世との間でカピチュレーションを取り交わす。カピチュレーションとは、オスマン帝国内に居住する外国人異教徒に対して、通商や居住、免税などの優遇措置を与えるものである。カピチュレーションによって特権を得たフランス商人は、ジェノヴァ商人やヴェネツィア商人に代わって、オスマン帝国が支配する東地中海に進出する。

さらに、フランソワ一世は、オスマン帝国との間で通商関係を結ぶだけでなく、軍事的な同盟も形成する。その具体的なねらいは、フランスは北イタリアを、オスマン帝国は南イタリアを攻撃することにあった。

なお、ハイルッディンがチュニス再攻略のためにスレイマン一世に支援を求めたのは、この同盟形成の直後であった。先に見たとおり、このとき、スレイマン一世は、ハイルッディンに対してチュニスではなく南イタリア襲撃を指示している。そして、スレイマン一世の指示に従い、ハイルッディンは南イタリアを掠奪し、さらにその行動がヨーロッパ諸国を刺激して神聖同盟結成の契機となり、プレヴェザの海戦に至ったことも、すでに見たとおりである。

フランスがプレヴェザの海戦でヨーロッパ神聖同盟に加わらなかったのも当然であろう。プレヴェザの海戦は、イスラーム世界とキリスト教世界の衝突という中世的な宗教戦争の側面を残しているものの、実際には、カール五世やフランソワ一世、スレイマン一世を交えた地中海での覇権争いという側面が色濃いと考えたほうが正確であろう。

オスマン・フランス合同作戦

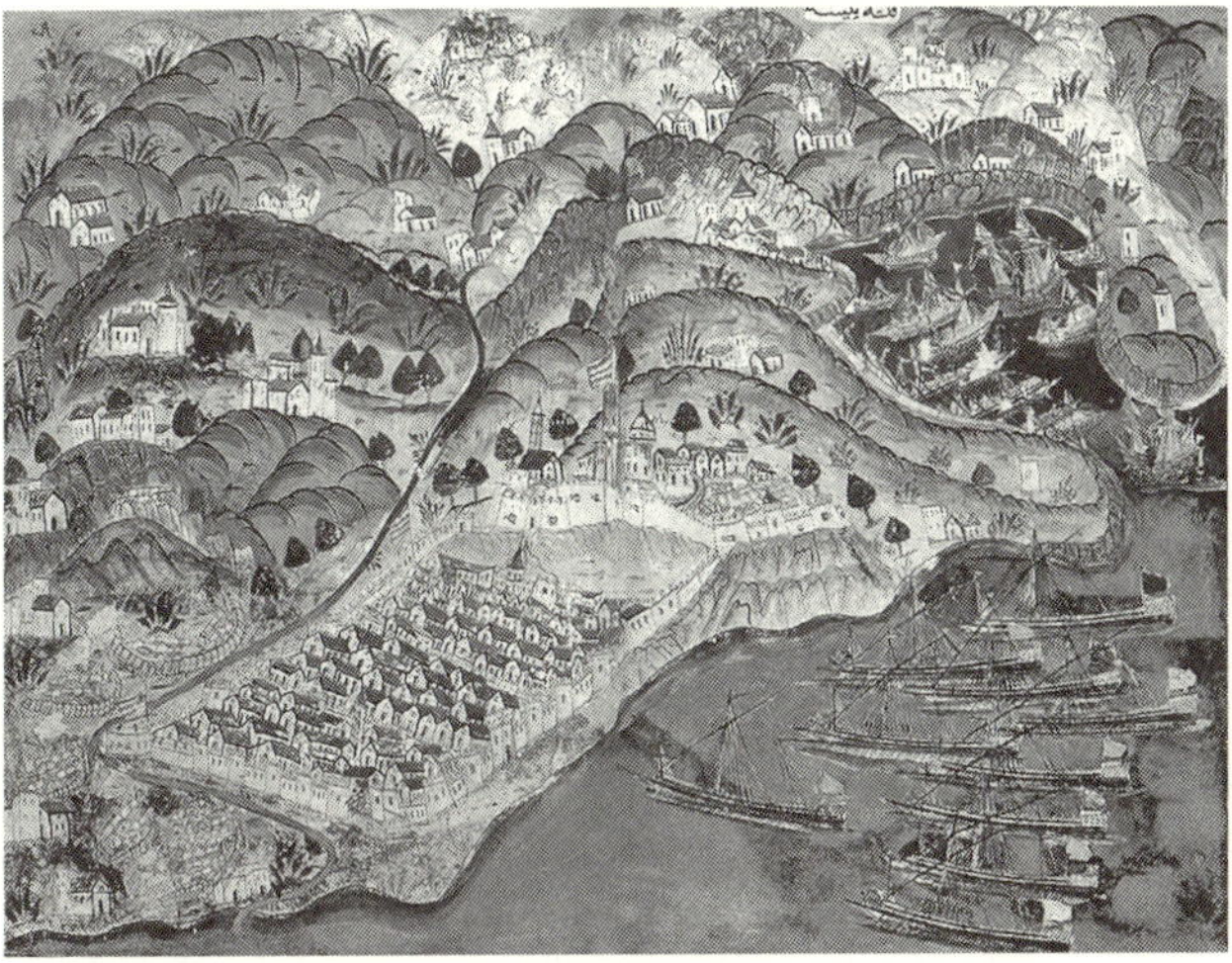

図3―17　オスマン・フランス連合艦隊によるニース攻撃（マトラクチュ・ナスーフ作、16世紀）

一五四二年、イタリアをめぐるカール五世とフランソワ一世の争いが再燃し、ついに、フランス艦隊とオスマン艦隊の合同作戦が行われる。

合同作戦の実行のため、オスマン艦隊を率いてマルセイユにやってきたのは、オスマン帝国海軍の大提督となっていたハイルッディンである。なお、イスタンブールを出発したハイルッディンの艦隊は、地中海を横断してフランスに向かったが、いつものごとく、その途中でイタリア沿岸を襲撃した。マルセイユに到着したハイルッディンの艦隊の船倉には、キリスト教徒奴隷が満載されていたという。

ハイルッディンは、マルセイユでフランソワ一世から歓迎を受け、オスマン艦隊とフランス艦隊は合同作戦を実行する。両艦隊は近郊のニースを攻撃するが、マルタ騎士団に守られた城砦を破ることができず、南フランスのトゥーロン港に退却する。

ハイルッディンはトゥーロンが気にいったのか、この港に一年以上も居座り続け、配下の部下にイタリアやスペインなどへの襲撃を指示した。そして、オスマン艦隊が掠奪を終えてトゥーロン港に戻ってくると、ハイルッディンは、捕らえたキリスト教徒奴隷を輸送船でアルジェへと送ったという。すなわち、いまやトゥーロンがムスリム海賊の拠点となったのである。

これにはさすがのフランソワ一世も後ろめたさを感じたに違いない。フランス人奴隷の解放を名目にハイルッディンに大金を支払い、さらに宝石などの贈り物やイスタンブールまでの船員の給与や食料までも用意して、ようやくハイルッディンにトゥーロンを引き払ってもらったのである。

ハイルッディンは、フランスからの帰路にも、南イタリア沿岸で掠奪を行い、キリスト教徒奴隷を満載してイスタンブールに凱旋したという。そして、二年後の一五四六年、ハイルッディンはイスタンブールでその生涯を閉じた。

マルタ大包囲戦

ハイルッディンの後継者たちは、相変わらず、地中海で海賊行為を繰り返していたが、カ

図3―18　マルタ島の城壁

ール五世は、以前のアルジェ遠征の失敗に懲りたのか、再び北アフリカに遠征を企てることはなかった。

スペインに代わり、北アフリカのムスリム海賊に対峙《たいじ》したのは、ロードス島を追われ、一五三〇年にカール五世から新たな居住地としてマルタ島を与えられていた聖ヨハネ騎士団である。マルタ騎士団と呼ばれた聖ヨハネ騎士団の艦隊は、イスラームとの戦いを名目として北アフリカの船や沿岸を襲撃し、掠奪を繰り返した。マルタ島は、ムスリム奴隷取引の中心地となったという。北アフリカ側から見れば、マルタ騎士団はまぎれもなく海賊である。

スレイマン一世は、マルタ攻略のため、一九〇隻からなる艦隊の編成を指示し、一五六五年、二万八〇〇〇のトルコ兵を派遣する。マルタ側の守備兵は、騎士団員約六〇〇人、傭兵約六〇〇〇人、マルタ島民約三〇〇〇人であった。

一五六五年五月一九日、オスマン艦隊は、マルタ島の南側にあるマルサシュロック港に接岸した。オスマン軍は、騎士団が立て籠もる東部の聖エルモ砦に海路と陸路で進軍する。オスマン軍の総司令官は、スルタンから任命されたムスタファ・パシャであったが、実際に艦隊を指揮していたのは、のちにレパントの戦いにも参加するウルグ・アリら海賊の面々であった。

一方、マルタ騎士団の団長は、フランス出身の騎士ジャン・ドゥ・ラ・ヴァレットである。ヴァレットは、ムスリム海賊に捕まってガレー船の漕ぎ手になった経験を持つ不屈の騎士であった。このとき七〇歳を迎えていたが、なおも第一線で軍を指揮していた。

五月二七日、岬の先端に位置する聖エルモ砦に陸上と海上から砲弾が激しく降り注いだ。翌月には、トリポリ総督のドラグトが到着し、聖エルモ砦の攻撃に加わった。

ドラグトは、ハイルッディンに見いだされた海賊であるが、彼もまた、かつてスペイン軍に捕縛された経験があった。その後、ドーリア艦隊のガレー船の漕ぎ手として使役させられていたが、オスマン艦隊がフランスのトゥーロンを拠点にしていたときにハイルッディンによって救出された。

マルタ島にドラグトが到着し、ますます攻勢を強めたオスマン軍は、六月二三日、崩れかけた城壁から兵が砦のなかに突入する。同日、聖エルモ砦は陥落した。

砦が陥落したとはいえ、オスマン軍の被害も大きかった。約六〇〇〇人が犠牲となり、ドラグトも大砲の破片を浴びて戦死した。そして、ヴァレットが立て籠もる聖アンジェロ砦や聖マイケル砦は依然として抵抗を続けていたのである。

七月八日、アルジェの総督ハッサンが派遣した約二五〇〇人の兵を乗せた艦隊がマルタ島に到着した。一方、騎士団側にもシチリアから約六〇〇人の兵士を乗せた四隻のガレー船が到着し、砦の守りに加わった。

両者の攻防は熾烈《しれつ》を極めたが、九月に入り、シチリアからの救援の船団がマルタ島に着くのを見て、オスマン軍司令官のムスタファ・パシャはマルタ攻略を断念して撤退を命じ、九月一三日、オスマン軍は退却した。

レパントの海戦

マルタ攻略を断念したオスマン帝国は、今度は東地中海のキプロス島にねらいを定める。ヴェネツィアの支配下にあったキプロス島は、地中海交易を担うヴェネツィアにとっては生命線ともいえる拠点であり、ヨーロッパにとっても東地中海に最後に残る拠点であった。ヴェネツィアは、ローマ教皇ピウス五世（在位一五六六～七二年）に働きかけ、スペイン、ヴェネツィア、ローマ教皇庁、マルタ騎士団からなる神聖同盟を再結成する。

スペイン王は、一五五八年に没したカール五世の後継者として実子フェリペ二世（在位一五五六～九八年）が即位していた。フェリペ二世は、ピウス五世の要請に応えて艦隊を派遣する。司令官にはアンドレア・ドーリアの甥にあたるジャンアンドレア・ドーリアが任命された。

一五七〇年、オスマン艦隊が一〇万の大軍でキプロス島に押し寄せる。ところが、これに対し、神聖同盟の司令官ドーリアはフェリペ二世からの指令がないことを理由に集結地のクレタ島に向かわず、シチリア島で待機するのである。プレヴェザの海戦と同様、スペインにとっては、ライバル国ヴェネツィアのために積極的に行動する理由はなかったとも考えられる。

ドーリアがようやく東地中海のクレタ島に到着したのは九月に入ってからであり、同島を出発したのは九月一三日であった。しかし、その四日前の九月九日には、キプロス島の中心都市ニコシアは陥落し、オスマン軍の手に落ちていた。

結局、ドーリア率いる艦隊はキプロス島には向かわず、クレタ島に引き返した。そして、地中海が荒れる冬を前に、神聖同盟の艦隊は解散した。神聖同盟側はプレヴェザの海戦の失敗を繰り返したのである。

翌年、ピウス五世の働きかけにより、再び連合艦隊が編成される。ただし、ヴェネツィアの要求によって、総司令官にはカール五世の庶子でフェリペ二世の異母弟のドン・ファン・デ・アウストリアが任命された。連合艦隊は二〇〇隻余りのガレー船と巨大な大砲を搭載した六隻の大型ガレー船などで編成されたが、その半数はヴェネツィアの艦船であった。

一方、オスマン帝国のスルタンはスレイマン一世の息子セリム二世であった。プレヴェザの海戦のスレイマン一世とカール五世の争いが息子たちに引き継がれたのである。

なお、オスマン艦隊の総司令官はスルタン側近のアリ・パシャであったが、艦隊左翼で指揮を執ったのはアルジェ総督ウルグ・アリであった。マルタ島遠征にも参加したウルグ・アリは、南イタリアの小さな村で漁民の子として生まれ育ったが、少年のときにアルジェの海賊にさらわれて奴隷となり、ガレー船の漕ぎ手として使役についた。その後、改宗してウルグ・アリを名乗り、海賊の首領として台頭した。そして、ハイルッディンと同様にアルジェ総督に出世を果たしたのである。

ウルグ・アリの対面に位置する連合艦隊側の右翼には、前年のキプロス遠征で司令官を務めたアンドレア・ドーリアの甥ジャンアンドレア・ドーリアが配置されていた。

一五七一年九月一六日、出発が遅れていた神聖同盟の連合艦隊は、シチリアのメッシーナを出港し、アドリア海のコルフ島に到着する。連合艦隊は、オスマン艦隊が南西のレパントに停泊しているという情報を得て、一〇月三日、コルフ島からレパントに向けて出発する。一〇月七日、連合艦隊はレパント沖に到着し、港の入り口でオスマン艦隊を迎え撃つ態勢を整えた。

一方、オスマン艦隊側も、連合艦隊が接近していることを知ると、迎え撃つ態勢を整えていた。連合艦隊は計二〇〇隻余り、対するオスマン帝国艦隊は小型ガレー船が多かったとはいえ計三〇〇隻近くに及んでいた。このあと、両軍の兵士や水夫を合わせて総勢約二〇万人

図3―19　レパントの海戦

が衝突する地中海最大の海戦が始まる。

最初に戦いを仕掛けたのはオスマン艦隊であった。オスマン艦隊は、一列になって正面から連合艦隊の陣営に突撃した。ヴェネツィアの大型ガレー船から大砲が放たれ、それをくぐり抜けてオスマン艦隊がヨーロッパ艦隊の陣営に突入した。

激しい戦闘が始まった。戦線の北側では、ヴェネツィアのガレー船団が巧みに陣形を動かし、翻弄されたオスマン艦隊は浅瀬に座礁して動けなくなった。戦線の南側では、ドーリアが正面衝突を避けて艦隊を南下させると、対するウルグ・アリの艦隊は、ドーリアの艦隊を追わず、連合艦隊の本隊を急襲する。しかし、ドーリアの艦隊が戻り、回り込んでウルグ・アリの艦隊を取り囲むと、ウルグ・アリは戦線を離脱して逃走する。海軍の将としては非難を受けるのかもしれないが、不利とわかれば、逃げ出すのは海賊にとっては定石である。

本隊のガレー船同士の衝突は激しい接近戦になった。艦船が互いに近づき、武装した兵士が敵船に乗り込んで襲いかかった。そして、オスマン艦隊の総司令官アリ・パシャが銃撃を受けて倒れた。司令官を失ったオスマン艦隊は総崩れとなり、敗走する。この海戦で、オスマン帝国側の犠牲者は二万から三万人、ヨーロッパ側の犠牲者は七〇〇〇から八〇〇〇人に及んだという。

レパント海戦後の地中海には、一六世紀前半に覇権を争ったスレイマン一世やカール五世、フランソワ一世、またハイルッディンやアンドレア・ドーリアもいなかった。フランソワ一世は、カール五世を打ち負かすことはできず、カール五世もアルジェ遠征の失敗以降、北アフリカ征服を断念した。プレヴェザの海戦で勝利を挙げたスレイマン一世も地中海支配はマルタ攻略で挫折していた。結局、地中海は、どの国も覇権を握ることができないまま、混沌《こんとん》とも力の均衡ともいえる状態が続いていくのである。

なお、一五世紀のオスマン帝国の地中海への進出は、ヴェネツィアやジェノヴァなどによる地中海交易の停滞を招いた。そして、東方貿易の通商路を絶たれたヨーロッパ諸国は、独自に東方への新たな通商路を模索するようになり、その結果、インドへの新航路の探検に端を発する大航海時代が幕開けするのである。

セルバンテス『ドン・キホーテ』

レパントの海戦にスペイン兵の一人として参加していた同時代の作家がいる。『ドン・キホーテ』の著者ミゲル・デ・セルバンテス（一五四七～一六一六年）である。

一五四七年、セルバンテスは、スペイン中部の町アルカラ・デ・エナレスで、下級貴族の家に四男三女の次男として生まれる。父は外科医であったが、一家の生活は貧しく、各地を転々としながら暮らしたため、セルバンテスはきちんとした教育を受けることができなかったという。

一五六九年、二二歳のときにセルバンテスはローマに渡り、翌年、ナポリの歩兵連隊に入隊する。そして、一五七一年秋、ガレー船に乗り込み、レパントの海戦に加わるのである。なお、レパントの海戦での戦闘で、セルバンテスは胸に二発と左腕に一発の銃弾を受け、この傷がもとで左腕の自由を失った。ただし、セルバンテスは、この戦いで示した自らの勇敢さを生涯誇りに思っていたようで、『ドン・キホーテ』後篇の序文では、次のように書いている。

なるほど、わたしの体の傷はそれを見る者の目には光り輝いて映るものではないかも知れないが、少なくとも、どこで負った傷であるかを知っている者のあいだでは高く評価され、尊重されるものです。というのも兵士は逃走して無事でいるよりも戦場に斃《たお》れるほうがはるかに立派に思われるからです。そして、これはわたしの確固たる信念ですから、かりに今、過去の事実を変えるという不可能を可能にしてやろうと言われたところで、あの驚嘆すべき戦闘に参加することなく健やかな体でいるより、やはりあの激戦のさなかに身を置きたいと思いますよ。兵士が顔や胸につけている傷は、他の人たちを名誉の天国へ、正当な称賛を願いうる天国へと導く星です。

（セルバンテス『ドン・キホーテ　後篇（一）』牛島信明訳）

レパントの海戦ののち、セルバンテスは退役する。そして、弟のロドリーゴとともにスペインに帰国するため、ガレー船に乗り込んだのであったが、海上で海賊に襲われ、アルジェに連行されてしまうのである。

セルバンテスは、スペインに帰国したあとに官職を得るため、レパント海戦の総司令官ドン・フアン・デ・アウストリアやナポリ総督の推薦状を携えていたが、そのことによってアルジェの海賊からは大物の貴族であると見なされ、巨額の身代金が課せられることになった。結局、セルバンテスは五年にわたってアルジェで奴隷として暮らすことになる。

当時のアルジェにおける奴隷の生活は、移動するのが困難な太い鎖や足かせをはめられ、共有奴隷は浴場と呼ばれた施設に入れられて、日中は石切や土木工事などの重労働を課せられるという厳しいものであった。

図３―20　アルジェの奴隷市場（ヤン・ルイケン作、1684年）

ただし、アルジェでの奴隷生活においても、セルバンテスの勇敢さは際立っていたという。セルバンテスは、監視の目をかいくぐり、何度も逃亡を試みるのである。

逃亡に失敗した奴隷は処刑されるのが通例であったが、セルバンテスは大金を取れる貴族と見なされていたためか、あるいは、アルジェの支配者ハッサン・パシャからその勇敢さを認められていたためか、処刑されずに生き延びた。そして、一五八〇年、スペインからやってきた修道士による身請け交渉が成立し、解放された。セルバンテスはバレンシアに向かう船に乗り込み、約一〇年ぶりに帰国を果たすのである。

しかし、帰国したセルバンテスを待っていたのは、レパントの海戦で勇敢に戦って負傷し、アルジェでの奴隷生活でも不屈の精神で耐え抜いた英雄的人物にふさわしいものではなかった。

セルバンテスは、期待していた褒賞や官職を得られず、貧窮生活を送りながら劇作家としての道を歩み出すのである。ただし、作家としても世に認められないまま、スペイン無敵艦隊のための食料徴発係や滞納税の徴税吏という下級官吏として、なんとか暮らしを立てていた。

さらに、セルバンテスの身に不幸な事件が起きる。徴収した税金を預けていた銀行が破産し、国庫への穴埋めができなかったために、投獄されてしまうのである。人生のどん底にあったセルバンテスが『ドン・キホーテ』を書き上げ、出版したのは、出獄後の五八歳のときであった。

『ドン・キホーテ』は、主人公の老年の郷士アロンソ・キハーダが、中世の騎士道物語に感化されて自分を中世の騎士と思い込み、時代遅れで妄想的な正義観を振りかざしながら、さまざまなドタバタ劇を繰り広げる物語である。

図3—21　ミゲル・デ・セルバンテス

ただし、『ドン・キホーテ』の物語は、単なる滑稽な喜劇ではない。周りからは理解されなくとも、自分が信じた道を歩むドン・キホーテの姿は、数々の悲運に見舞われながらも気高い人生を歩んだセルバンテスの姿と重なり、人生の悲哀とともに、人間の意志や信念の力強さを感じさせるのである。『ドン・キホーテ』が時代を超えて人びとの心をつかむのは、作品に内包されたこうした人間性の輝きにあるように思われる。

さて、世界史の上では、レパントの海戦が終わり、時代はたしかに、騎士たちが生きた中世から、富と覇権をめぐってヨーロッパ諸国が相争う新たな時代へと向かっていた。そして、世界史の中心は、地中海から新世界へと移るのである。

第4章　黄金期の海賊

新大陸の発見

一四五一年、ジェノヴァ郊外の毛織物業者の家に、のちの大洋提督コロンブスが生誕する。少年のころから父親の仕事を手伝い、地中海交易に携わっていたコロンブスは、二〇代半ばにポルトガルのリスボンに移り、そこを拠点にイングランドやアイルランド、西アフリカなどへの航海を重ねた。東洋への西回り航路の構想を練っていたのもそのころである。

一四八三年、コロンブスは、ポルトガル王ジョアン二世に西回り航路の遠征計画を申し出る。しかし、ポルトガルはすでに一五世紀前半のエンリケ王子の時代からアフリカ西岸航路の開拓事業を進めており、西回り航路というコロンブスの申し出は認められなかった。

なお、ポルトガルによるアフリカ沿岸の探検航海では、当初、向かい風に強い三角帆を張る小型帆船のカラベル船が用いられ、その後は、大洋航海に適した横帆を張るカラック船が開発されるなど、この時期、小型帆船の航海能力は向上していた。カラック船は、コロンブ

図4―1　大洋提督コロンブス（リドルフォ・ギルランダイオ作、1520年）

スやヴァスコ・ダ・ガマ、マゼランなどの探検航海でも用いられた。

さて、ポルトガル王室への働きかけに失敗したコロンブスは、一四八五年、スペインに移り、翌年、イサベル女王（在位一四七四〜一五〇四年）に拝謁して西回り航路の遠征計画を直訴する。イサベル女王は委員会を設けてコロンブスの計画を検討するものの、委員会から否定的な意見が示され、計画は承認されなかった。コロンブスは、フランスやイングランド、また再度ポルトガルの王室にも支援を打診するが、いずれからも期待した回答は得られないままであった。

しかし、スペインの状況がコロンブスに幸いする。一四九二年、スペインがグラナダ王国を陥落させ、イベリア半島におけるレコンキスタを完遂すると、イサベル女王はコロンブスの遠征計画を認め、コロンブスと協約を取り交わすのである。

協約の内容は、コロンブスに対して、発見した島や大陸の副王・総督としての地位を認め、さらに交易によって得られた財産の一〇分の一を約束するなど、その要求を全面的に認めるものであった。コロンブスはこの条件を一貫して譲らなかったという。なお、コロンブスの計画には、スペイン在住のジェノヴァ商人の支援があったことも知られている。

一四九二年八月三日、コロンブスは、スペインのパロス港から西回りでのインディアス（東洋）遠征に出発する。旗艦サンタ・マリア号のほか、ピンタ号、ニーニャ号の三隻に船員わずか九〇人の編成であった。そして、この小さな船団が約二ヵ月後の一〇月一二日、彼らがサン・サルバドル島と名付けたカリブ海バハマ諸島のウォトリング島を発見したのを皮切りに、キューバ島、エスパニョーラ島などカリブ海の島々に到達することになるのである。

図4―2　コロンブスの船団の模型（左からサンタ・マリア号、ピンタ号、ニーニャ号）（ハバナ・フエルサ要塞博物館）

よく知られているとおり、コロンブスはアメリカ大陸を発見しようと航海したわけではない。コロンブスが目指したのは、カタイ（中国）やシパンゴ（日本）などのインディアスであった。そのため、エスパニョーラ島に到達したコロンブスは、住民からシバオという金山の存在を聞き及ぶと、同島こそがマルコポーロの『東方見聞録』に描かれた黄金の国シパンゴであるとい

図4―3　カリブ海、中南米の地図

う確信に至る。
ラス・カサス神父が要録した現存するコロンブスの航海日誌の記録によると、一二月二四日、現地インディオとの間で次のような会話が交わされたという。

男が一人、金鉱の場所を教えたいから一緒に来てくれるようにと頼んできて、提督を喜ばせた。この男は、友人か親類かを一人連れてきていたが、この二人は、黄金の産地の名をあげてシパングの話をした。彼らはその地をシバオと呼んでいたが、そこでは非常に多量の黄金が産し、その酋長《しゅうちょう》は金を打って作ったのぼり《バンデラス》をもっている、ただこの地は東のずっと遠方にあると語った。

（クリストーバル・コロン『コロンブス航海誌』林屋永吉訳）

ただし、この「シパング」発見の翌日、サンタ・マリア号がエスパニョーラ島の北部沖で座礁してしまう。コロンブスは船員三九人を沿岸に築いた砦に残し、金山の捜索を彼らに託して、いったんスペインに帰国する。

コロンブスの運命

一四九三年三月、コロンブスはパロス港に帰還し、イサベル女王に航海の報告を行う。スペインは、コロンブスによる西回り航路の発見に沸いた。再遠征に向けた資金はすぐに集まり、九月末、コロンブスは第二回航海に出発する。今度は一七隻の船団に入植者一五〇〇人を引き連れての航海であった。

ただし、コロンブスがエスパニョーラ島に戻ると、スペイン人の砦は焼き払われ、残っていた船員の姿は見当たらなかった。現地民からの聞き取りによると、当初、スペイン人の間で現地の女性をめぐる内紛が生じ、さらに度重なる女性の掠奪を見かねた首長がスペイン人を襲い、殺害したという。

コロンブスは新たに入植地を築き、イサベラと名付け、同地を拠点に金山の探索を行う。しかし、数ヵ月経《た》ってもめぼしい成果は得られなかった。そして、黄金の富が得られないばかりか、植民地は次第に食料不足に陥り、大きな期待を抱いて当地にやってきた入植者たちの不満は募っていく。コロンブスは、弟のディエゴにイサベラの統治を委ね、一四九四年四月、自らは探検航海に出発する。

ジャマイカ島やキューバ島を探索し、九月、イサベラに戻ったコロンブスは、植民地の状況が悪化していることを知る。結局、期待していた黄金はほとんど見つからず、植民地経営もうまくいかないまま、一四九六年六月、コロンブスはイサベル女王に状況を説明するため帰国する。

スペインではコロンブスに対する悪評が渦巻いていた。遠征の成果が乏しいことに加えて、ジェノヴァ人コロンブスに付与された総督職などに対する嫉妬もあったと思われる。コロンブスがようやく第三回航海の準備を終えて出発したのは、二年後の一四九八年五月であった。今回は入植者の募集も進まず、わずか六隻での出帆であった。

第三回航海では、コロンブスはさらに南方への探検航海を行い、南米ベネズエラに達するなど地理的発見の上では大きな成果を上げる。しかし、エスパニョーラ島のサント・ドミンゴに到着したコロンブスを待ち受けていたのは予期せぬ仕打ちであった。植民地経営の調査のためにスペイン王室から派遣されていたフランシスコ・デ・ボバディリャによってコロンブスは拘束され、鉄鎖につながれてスペインに送還されたのである。

一五〇〇年一〇月、コロンブスはスペイン両王（イサベル一世とフェルナンド二世）に謁見する。両王は処置の不当さを認めて関係者の処分を約束するが、他方で、一五〇一年九月には、ニコラス・デ・オバンドをエスパニョーラ島の総督に任命した。協約で定められたコロンブスの新大陸での権利は、実質的に奪われたことになる。

一五〇二年三月、コロンブスは第四回航海の許可を与えられるが、エスパニョーラ島への寄港は禁じられた。

一五〇二年五月、コロンブスは四隻の船団で第四回航海に出発する。コロンブスの船団は、コスタリカやパナマなど中米東岸に到達するが、二隻の船を失い、さらにジャマイカで乗船が座礁して一年に及ぶ同地での滞在を余儀なくされた。

一五〇四年八月、救助船によってようやくサント・ドミンゴにたどり着いたコロンブスであったが、同地にはすでに新総督オバンドが派遣されており、コロンブスの居場所はなかった。コロンブスは九月にはサント・ドミンゴをあとにし、一一月、スペインに帰国する。そしてこれがコロンブスにとっては最後の航海となった。同年一一月には、コロンブスの理解者であったイサベル女王も亡くなり、結局、コロンブスは、スペイン王への拝謁を許されぬまま、一五〇六年五月、スペインのバリャドリードにてその生涯を閉じた。

スペインの掠奪

コロンブスによる新大陸の発見を期に、ヨーロッパ人は黄金の富を目指してカリブ海やアメリカ大陸に殺到することになる。そしてそれは、ヨーロッパ人による掠奪の始まりでもあった。

コロンブスは、第一回航海でエスパニョーラ島に到達した際、島民について次のような印象を記している。

インディオ達は皆裸で歩いており、武器を持っておりませんし、また武器を扱う技術も有しておりません。彼らはきわめて臆病でありまして、千人かかっても、こちらの三人を防ぐことはできないだろうと思われます。したがいまして彼らは、命令を与えて、働かせ、種を播《ま》かしたり、その他必要なあらゆることをさせれば、まことに都合が良い者共なのであります。そして彼らに村落を作らせ、衣服をつけて歩くことや、我々の習慣を教えるべきなのであります。（前掲書）

このような純朴な住民が暮らすエスパニョーラ島でも、スペイン人の掠奪をきっかけに反乱が起こり、砦が焼き払われたのはすでに指摘したとおりである。さらに、その後もスペイン人による食料や女性の掠奪、また、労働力としての現地民の使役が重なり、たびたび反乱が起きている。こうした状況を悪化させた一因は、スペイン王室が認めたエンコミエンダ制にあった。

エンコミエンダ制とは、スペイン王室が植民者に対し、現地民の使役を権利として認める制度である。その代わりに、植民者には現地民の保護とキリスト教化が求められたが、実際には、彼らの関心はもっぱら富の取得であり、現地民を奴隷同様に扱い、土木作業や鉱山開発などに使役した。

ヨーロッパ人が持ち込んだ疫病の影響もあり、現地民は、またたく間に人口が減少していった。カリブ海域では、一四九二年に約三〇〇万人いた現地民が、三〇年後には一〇数万人に激減したとする推計もある。

一方、コンキスタドール（征服者）と呼ばれるスペイン人は、自らの軍団を編成し、アメリカ大陸の内陸部への征服を進めていった。

たとえば、一五〇四年にエスパニョーラ島に渡り、一五一一年にディエゴ・ベラスケスとともにキューバ島征服に参加したエルナン・コルテスは、一五一九年、約六〇〇人の部下を率いて中米に渡る。コルテスは、アステカ王国の情報を得て同地に進軍すると、一五二一年にはアステカ王国を滅ぼす。

スペイン王室もこうしたコンキスタドールによる征服を容認しており、一五二二年にはコルテスはスペイン国王からヌエバ・エスパーニャ（メキシコ）総督に任じられている。なお、コルテスは、その後、当地での地位をめぐって王室と対立し、権利の回復を国王に誓願するため帰国した際、カール五世のアルジェ遠征に参加したことは、前章で見たとおりである。

また、一五三二年には、わずか一八〇人余りの部下を従えたコンキスタドールのフランシスコ・ピサロが南米ペルーのインカ帝国に侵入し、一万人にも及ぶインディオを虐殺して黄金の富を奪い、帝国を滅ぼしている。ヨーロッパ人による現地民の虐殺や富の掠奪、労働力としての使役は、このほかカリブ海域やアメリカ大陸の各地で繰り広げられた。

ラス・カサスの告発

こうしたスペイン人による暴掠《ぼうりゃく》を知り、スペイン王室に告発した人物がいる。バルトロメー・デ・ラス・カサス（一四七四〜一五六六年）である。

ラス・カサスは、一五〇二年、エスパニョーラ島にキリスト教の伝道師として渡り、以後、つぶさに現地での非道な行為を見聞きする。そして、この実態を告発し、スペイン国王に対して、状況の改善と征服の中止を訴える活動を始めるのである。

ラス・カサスの『インディアスの破壊についての簡潔な報告』では、スペイン人による数々の凄惨《せいさん》な行為が描かれている。たとえば、エスパニョーラ島での状況は、次のとおりである。

エスパニョーラ島は、先記のとおり、インディアスへ渡ったキリスト教徒が最初に足を踏み入れ、住民に甚大な害と破壊をもたらしたところであり、また、キリスト教徒がインディアスでまっさきに破壊し、壊滅させた場所でもある。

そのエスパニョーラ島で、キリスト教徒はまずインディオから女性や子どもを奪ってかしずかせ、虐待し、さらに、インディオが額に汗水流して手に入れた食物を取り上げて食べてしまった。インディオは各自出来る範囲で、キリスト教徒にすすんで食物を差し出したが、彼らはそれだけでは満足しなかったのである。……

キリスト教徒はインディオに平手打ちや拳骨《げんこつ》をくらわしたり、時には棒で殴りつけたりし、ついには村を治める人たちにも暴力を揮《ふる》うようになった。……キリスト教徒は馬に跨《またが》り、剣と槍《やり》を構え、インディオを相手に前代未聞の殺戮や残虐な振る舞いに耽りはじめた。……インディオの中には、残虐非道で血も涙もなく、まるで猛《たけ》り狂った獣と変わらない、また、人類を根絶やしにするいわば人類最大の敵ともいうべきキリスト教徒の手から逃げおおせた者も少なからずいた。彼らはひとり残らず、山中に立てこもったり、高い山へよじ登ったりして、身を守った。すると、キリスト教徒は彼らを狩り出すため、猟犬を獰猛《どうもう》きわまりない犬に仕込み、そうして訓練された猟犬はインディオをひとりでも見つけると、瞬く間にずたずたにした。……

じつに稀有《けう》なことだが、インディオが正当な理由と神の正義にもとづいて、時にキリスト教徒を数名、手にかけることがあった。すると、キリスト教徒はそれを口実に、インディオがキリスト教徒の生命《いのち》をひとつ奪うごとに、その仕返しに一〇〇人のインディオを殺すべしという掟《おきて》を定めたのである。

（ラス・カサス『インディアスの破壊についての簡潔な報告』染田秀藤訳）

海を越えてやってきて住民を殺し、王国を滅ぼし、富を掠奪するスペイン人は、現地民から見れば、まぎれもなく海賊にほかならない。そしてそれは、人類史上最大の海賊行為であったといえよう。

コロンブスによる新大陸の発見により、新たな土地の国際的な帰属が問題となる。一四九三年、スペイン出身のローマ教皇アレクサンドル六世は、スペインとポルトガルとの領有区分線を大西洋上に設定したが、同条件に不満を持つポルトガルは、翌年、スペインとの間でトルデシリャス条約を取り結ぶ。同条約では、現在の西経約五〇度を境に、東側をポルトガルの領有に、西側をスペインの領有と定めた。ポルトガルは、いまだアメリカ大陸に到達していなかったが、その後、この条約に基づき、ブラジルに植民地を築くことになる。

すでに見たとおり、当初、新大陸の探検や統治は、コロンブスやコルテス、ピサロなどの冒険者や征服者に委ねられたが、新大陸の富が次々に発見されると、まもなくスペイン王室による直接の管理体制が敷かれるようになる。スペイン王室は、植民地との貿易港をセビリア一港に限定し、人や物の出入りを管理する通商院を設置する。また、王室の派遣した人物によってコロンブスやコルテスなどが副王や総督の地位を追われたことは、すでに指摘したとおりである。

なお、カリブ海のエスパニョーラ島では、当初、砂金が発見され、その開発が行われたが、一五一五年頃には早くも資源が枯渇してしまう。また、他のカリブ海の島々でも金の産出量は限られていた。

カリブ海諸島に代わってスペインの関心の的になり、富の源泉となったのは中南米大陸である。征服者がアステカ王国やインカ帝国から収奪した財宝は、すでにスペイン本国にもたらされており、さらに一五六〇年代以降には、ペルー（現在のボリビア）のポトシ鉱山など各地で有力な銀鉱が発見され、スペインに空前の富をもたらすようになった。

トルデシリャス条約で世界を分割し、新大陸の富を独占するスペインに対して、同国と対立するイングランドやフランス、オランダなどは、当然ながらスペインの独占的な繁栄を憎々しく感じていた。そして、イングランド人やフランス人、オランダ人のなかから、このスペインの富をねらう者たちが現れるのである。

一五二〇年代には、アステカ王国から収奪した財宝を乗せたスペイン船が大西洋のアゾレス諸島沖でフランスの海賊船に襲われ、財宝ごと拿捕《だほ》されるという事件が起きている。こうして、スペインが新大陸で奪った富をさらにスペインから奪おうと、海賊の活動が活発になっていく。

こうした状況に対し、スペインは、輸送船が大西洋を横断する際には船団を組み、護衛艦隊をつけて警戒した。年に二回、春にメキシコ行きの船団が、夏にパナマ地峡行きの船団が出港し、現地で新大陸の富を満載したあと、翌年三月にキューバのハバナに集結し、一団となって帰国するという体制がとられたのである。とはいえ、それでもスペインにもたらされる莫大な富は、野心的な海賊たちを引きつけずにはおかなかった。

なお、この時期、小型帆船のカラック船は次第に大型化し、多数の大砲を備えた大型帆船のガレオン船が登場する。ガレオン船は、軍船としてだけでなく、防衛のための大砲を備えた商船としても用いられた。そのため、この時期には、民間の商船が簡単に軍船としても海賊船としても転用されることになったのである。

ホーキンズの密貿易

一五六二年、イングランド人ジョン・ホーキンズ（一五三二〜九五年）率いる三隻の船団がイングランドから西アフリカへと向かう。ホーキンズは西アフリカで黒人奴隷を調達すると、一路、大西洋を横断してカリブ海を目指した。新大陸におけるスペインの独占的な貿易体制に挑戦したのである。

図4―4　ジョン・ホーキンズ

エスパニョーラ島に到達したホーキンズは、嵐の待避を口実にサント・ドミンゴに寄港して現地で交易を行い、砂糖や牛皮などを積み込んで帰国する。いわゆる密貿易であるが、スペインが独占支配する海域に突如現れ、まんまと取引を行ったのである。

ホーキンズは、二年後にも再び西アフリカを経由して今度は南米ベネズエラ沿岸に現れる。現地の植民地にはスペイン本国から他国人との取引を禁止する命令が届いていたが、ホーキンズは強引に売買を済ませ、イングランドに帰国する。いずれの航海でもホーキンズには巨額の利益がもたらされた。

スペイン王室は大使を介し、イングランドのエリザベス女王（在位一五五八～一六〇三年）に抗議し、ホーキンズの航海を禁止するように要請する。エリザベス女王は形式的にホーキンズをとがめたものの、罰することはなく、それどころか、ホーキンズは一五六七年に再び六隻の船団を率い、カリブ海に向けて出港する。そして、このホーキンズの航海には、エリザベス女王もひそかに出資者として名を連ねていたのである。

ホーキンズの船団は、西アフリカで黒人奴隷約五〇〇人を乗せたのち、新大陸に向かい、現地のスペイン人総督の目をかいくぐりながら、カリブ海から南米で黒人奴隷を求める植民者と取引を行う。しかし、カリブ海を北上中に嵐に遭い、船舶の修理のためにメキシコのサン・フアン・デ・ウルアへの寄港を余儀なくされた。現地のスペイン人役人は、イングランド船とも知らず、ホーキンズの船団を迎え入れてしまい、砲台はホーキンズの部下が占拠するところとなった。

ところがホーキンズにとっては運の悪いことに、その二日後、一三隻からなるスペイン艦隊がサン・フアン・デ・ウルアに現れるのである。スペイン艦隊には、メキシコ副王として赴任するマルティン・エンリケス・デ・アルマンサも乗船していた。ホーキンズは、スペイン側とお互いに人質を出し合って約束を取り交わし、平和裡《り》にスペイン艦隊の入港を認めた。

しかし、スペイン艦隊は入港を果たすと、取り決めを反故《ほご》にし、ホーキンズの船団を急襲するのである。ホーキンズはなんとか脱出したものの、その被害は甚大であった。

このとき、ホーキンズの乗船するミニオン号のほかに脱出に成功したのは、ジュディス号一隻だけである。そして、そのジュディス号の船長こそ、のちに、この時代を代表する海賊として名をはせるフランシス・ドレーク（一五四三頃〜九六年）であった。

サン・フアン・デ・ウルアの復讐

図４―５　フランシス・ドレーク（マークス・ヘラート作、1590年頃）

ドレークはイングランドに帰国すると、サン・フアン・デ・ウルアの復讐を誓い、ホーキンズから与えられたスワン号に乗り込んでカリブ海に向かう。ドレークはひそかにパナマ地峡周辺に上陸し、黒人逃亡奴隷の集団と接触をはかりながら情報を集める。ドレークの描いた計画は大胆不敵なものであった。

当時、スペインはペルーなどで集

めた金銀などの財宝を太平洋側のパナマまで船で運び、そこからラバ隊でパナマ地峡を越えてカリブ海側のノンブレ・デ・ディオスまで輸送していた。ドレークが目をつけたのは、そのパナマ地峡に集結するスペインの莫大な富であった。

一五七二年五月、偵察を終えたドレークは、大砲や弾薬などの装備を満載した二隻の船でイングランドのプリマス港を出帆し、計画どおりパナマ地峡に向かう。ドレークは、目標のノンブレ・デ・ディオスを襲撃するが、スペイン兵の反撃に遭い、自らも負傷して撤退する。正面作戦に失敗したドレークは、逃亡奴隷の集団やフランス人海賊と行動を共にしながら、上陸してパナマ地峡に潜み、雨季明けに再開されるラバ隊の輸送団を襲うことにした。

一五七三年三月、二〇〇頭近いラバが運ぶスペインの輸送隊にドレークたちは襲いかかる。突然の来襲にスペイン守備兵は逃げ出し、約三〇トンにも及ぶ莫大な金銀が残された。ドレークの一団は、カリブ海側に待機していた船に財宝を運んだが、あまりの量に、運びきれない金銀は近くに埋めて隠されたという。

同年八月、ドレーク率いる二隻の船がプリマスに帰港する。財宝を満載したドレーク船団の帰国にイングランドは沸いたが、スペイン大使は、さっそくドレークの身柄の引き渡しか死刑をエリザベス女王に申し入れた。しかし、イングランドに帰国後、ドレークはすぐに姿をくらましてしまうのである。スペインとの関係上、ドレークの処遇に困ったエリザベス女王がドレークをかくまったという説もある。

ドレークがプリマスに再び姿を現すのは、三年後の一五七六年であった。その翌年、ドレークはひそかにエリザベス女王に謁見する。そこでドレークは反省の言葉どころか、またもや途方もない計画を口にするのである。それは、南米大陸最南端のマゼラン海峡を越えて太平洋側に進出し、そこでスペイン船を襲うという計画であった。ドレークは、パナマ地峡を探索していた際に太平洋を目にしていたのである。そして、この計画に対し、エリザベス女王は側近の名を借りつつ、遠征の出資者となるのである。

ドレークの世界周航

一五七七年一二月、ドレークは五隻の船団を率いてプリマスを出航した。表向きの目的は、エジプトのアレクサンドリアへの地中海交易であったが、真の行き先は、もちろん新大陸である。

ドレークの船団は西アフリカのブランコ岬、ヴェルデ岬諸島を南下し、そこから西へ大西洋を約六〇日かけて横断し、一五七八年四月、南米のラ・プラタ川河口に到達した。さらにドレークは大陸沿いに南下し、同年八月、ついにマゼラン海峡に差しかかる。

しかし、ここでドレークの船団はすさまじい嵐に遭遇するのである。すでに船体やマストの損傷でドレークの船団は二隻になっていたが、そのうち、マリゴールド号はドレークの乗るゴールデン・ハインド号からはぐれ、マゼラン海峡横断を断念してイングランドに戻って

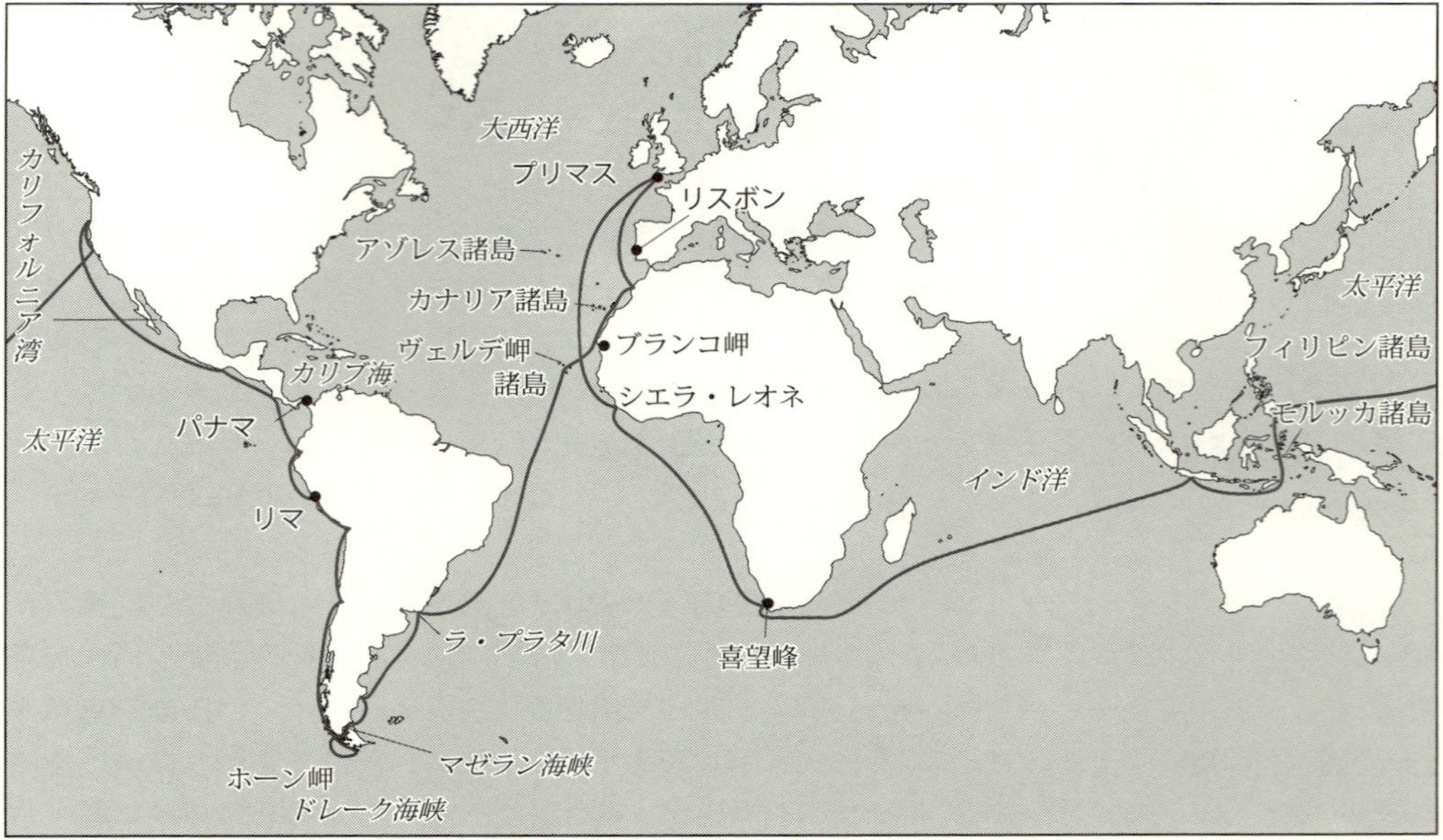

図4—6 ドレークの世界周航

しまう。
結局、太平洋側にたどり着いたのは、ドレークの乗るゴールデン・ハインド号一隻だけであった。なお、ゴールデン・ハインド号は、嵐のなか、マゼラン海峡から南に流され、南米ホーン岬と南極大陸との海峡を偶然発見したが、そこは現在、ドレーク海峡と名付けられている。

南米大陸南端を越えたゴールデン・ハインド号は、船体の修理を終えたあと、南米チリ沿岸を北上する。そして、ドレークは、外国船が侵入してくるとは思わず警戒の薄い太平洋沿岸の港や海上のスペイン輸送船を襲い、掠奪を繰り返すのである。その最大の収穫物は、ペルーのリマからパナマに財宝を輸送するために向かっていたカカフェゴ号の捕獲であった。

カカフェゴ号の積み荷は、金八〇ポンド、銀二六トン、白銀一三箱、その他おびただしい量の宝石類などであった。ドレークは難なくカカフェゴ号を拿捕したが、同船の財宝を自船に積み替えるのに六日を要したという。このあと、ドレークはスペインの追跡を逃れるように中米を越えて北上し、北米大陸の西海岸沿いを航行した。一五七九年六月、ゴールデン・ハインド号はついにカリフォルニア湾に達する。

当初の計画では再び南米を回り、帰国する予定であったが、カリフォルニアに至ったドレークのゴールデン・ハインド号は、そこから西へと針路をとり、貿易風に乗って太平洋を横断する。

図4—7　ゴールデン・ハインド号のレプリカ船

一〇月にはフィリピン諸島に到達し、一一月には香料諸島として知られたモルッカ諸島にたどり着く。ドレークはそこで大量のチョウジを積み込み、インド洋、喜望峰《きぼうほう》、アフリカ大陸沿岸を進み、一五八〇年九月、プリマスに帰港した。それは実に二年九ヵ月に及ぶ航海であり、マゼランに次ぐ人類史上二度目の世界周航であった。

プリマスに着いたドレークは、ただちにエリザベス女王に報告の手紙を送る。今回の遠征の隠れた支援者であったとはいえ、ドレークの掠奪行に対しては、スペインから激しい抗議がなされていることは火を見るよりも明らかであった。

ところが、謁見のために宮殿に赴いたドレークに対し、エリザベス女王はその冒険の話と持ち帰った財宝を大いに喜び、二人の面会は六時間にも及んだという。

実際、ドレークが持ち帰った財宝は莫大であった。経済学者のJ・M・ケインズは、このときの女王の取り分の利益が、イングランドの対外負債の返済とレヴァント会社の出資金となり、さらにレヴァント会社の収益から東インド会社が設立されたという経緯から、「(ドレーク遠征による収益が)イギリスの対外投資の基礎になった」と記している。そうなると、イギリスに始まる近代資本主義の基礎は海賊が作ったことになるのである。

ともあれ、エリザベス女王は、ドレークの世界周航の遠征を祝福し、ドレークをナイトに叙勲する。ドレークは、スペインへの海賊行為によって騎士になったのである。このあと、ドレークはプリマス市長にもついている。

一方、スペインのフェリペ二世は、イングランド海賊に対する報復として、スペインの港に停泊するイングランド商船の拿捕を命じた。スペインとイングランドの関係は、すでに修復不可能な状況にまで至ったのである。

図4―8　エリザベス女王

両国の関係が悪化するなか、一五八五年、ドレークは陸上での安定した生活を捨て、再び船団を指揮してカリブ海に向かう。ドレークの船団は、サント・ドミンゴやカルタヘナを襲うなど掠奪を繰り返し、プリマスに帰港した。

このあと、スペインとイングランドは、ついに衝突を迎えることになる。

無敵艦隊との対決

スペインとイングランドとの対立は、単に政治的覇権をめぐる抗争に留まらず、カトリック王国のスペインとカトリックに対抗するイギリス国教会などプロテスタント側のイングランドという宗教的対立も重なっていた。なお、ドレーク自身は熱心なプロテスタントであり、宗教的情熱もドレークの行動に影響を与えていたと考えられている。

スペインとイングランドの対立が深刻化した要因のひとつは、オランダ（ネーデルランド）をめぐる状況であった。オランダでは、プロテスタント系のユトレヒト同盟がスペインからの独立を目指しており、イングランドが独立のための支援を与えていたのである。

さらに、両国の対立が決定的になったのは、エリザベス女王による前スコットランド女王メアリ・スチュアートの処刑であった。メアリ・スチュアートは、エリザベス女王暗殺事件に関与したとして斬首刑に処せられたが、それはカトリックとプロテスタントの間の癒しがたい対立を象徴する事件として理解されることになった。

当時のフェリペ二世支配下のスペインは、オスマン帝国とのレパントの海戦に勝利し、ポルトガル王室の空位に乗じてポルトガルを併合し、さらに新大陸からは莫大な富が流入して繁栄を極めており、「太陽の沈まない国」として絶頂期にあった。そのフェリペ二世がイングランドとの戦争に向けて大艦隊の編成を命じたのである。

このとき編成されたスペイン艦隊は、無敵艦隊（アルマダ）と呼ばれる。そして、この大帝国が誇る無敵艦隊にひるむことなく立ち向かった人物が、フランシス・ドレークであった。

一五八七年四月、ドレークは、エリザベス女王の許可を得て、準備が整う前のスペイン艦隊を叩《たた》くため、二三隻の艦船を率いてプリマス港から出帆する。スペイン南西部のカディス港にスペイン艦隊が集結中との情報を得て当地に向かうのである。

スペインの主力船は、まだカディスに入港していなかったものの、ドレークはカディス港を襲い、停泊中の商船の積み荷などを掠奪する。この襲撃についてドレークは、「スペイン王のあごひげを焦がしただけだ」と語ったという。

さらに、ドレークはアゾレス諸島沖に遠征し、フェリペ二世所有の大型輸送船サン・フェリペ号を襲う。サン・フェリペ号は、インドから香料や絹織物などを載せて帰国中であった。ドレークは再び莫大な富を手にプリマスに帰港する。ドレークの行動によってスペインとイングランドの戦争は事実上火蓋を切ったといえよう。

一五八八年四月下旬、前年のドレークの攻撃によって準備が遅れていたスペイン艦隊がようやくリスボン港を出発する。イングランド上陸を目指し、総船一三〇隻、総勢約三万人という陣容であった。ただし、スペイン艦隊は全艦隊の移動に時間を要し、イギリス海峡に至ったのは七月中旬であった。

スペイン艦隊の出現に、プリマス港ではドレークをはじめイングランド艦船の出撃態勢は

図4—9　アルマダの海戦（ニコラス・ヒリアード作、16世紀末～17世紀初頭）

整っていたが、一方のスペイン艦隊は、フェリペ二世の事前の指示に従い、大陸側で艦隊への乗船を待つパルマ公の軍と合流するため、針路を東へと進めた。七月二十七日、スペイン艦隊はドーバー海峡のフランス側カレー沖に投錨《とうびょう》する。

翌日、イングランドはスペイン艦隊への攻撃を決断する。強風の風上側という絶好の条件の下、大型船八隻を火船に仕立て、スペイン艦隊が停泊するカレー沖に突入させたのである。

その効果は絶大であった。スペイン艦隊は大混乱に陥り、散り散りとなって出帆したところを今度はドレークをはじめとするイングランド船に襲われて敗走した。結局、スペイン艦隊一三〇隻のうち、スペインに帰着することができたのは約半数の六三隻にすぎなかった。スペイン艦隊の大敗北はスペイン帝国の落日の始まりでもあった。

ドレークは、スペイン艦隊を徹底的に壊滅させようと、一五八九年には艦船を率いてリスボン遠征を行っている。この遠征は結果的には成功しなかったものの、今度はカリブ海遠征の準備を始めるのである。

一五九五年八月、ドレークは僚友ホーキンズとともにプリマス港からカリブ海に向けて出航する。しかし、すでに時代は進み、状況は変化していた。度重なる海賊の掠奪に手を焼いたスペインは、植民地の主要港に強固な要塞を築き、守備態勢を整えていたのである。

一一月、プエルトリコのサン・ファン沖でホーキンズが病死した。サン・ファン攻略をあきらめたドレークが向かった先は、かつて大きな栄光を手にしたパナマ地峡であった。しかし、ここでもメキシコ副王からの援軍を得たスペイン軍に敗れ、撤退を余儀なくされた。そして一五九六年一月、ドレークはパナマのポルトベロ沖で赤痢に倒れ、息を引き取る。ドレークの遺体は鉛の柩《ひつぎ》に収められ、カリブ海に沈められたという。

図４―10　ドレークの像（プリマス）

一六世紀のイングランドに現れた大海賊フランシス・ドレークは、いまもイギリスでは英雄である。現在、プリマスの公園には、ドレークの銅像が勇壮な姿で海を望んで立っている。

カリブの海賊バッカニア

カリブ海の島々は、当初スペインによる占有が宣言されたが、一六世紀後半から一七世紀にかけて他国による侵入が進む。とくに、カリブ海東部の小アンティル諸島では、金が産出せず、スペイン人による入植も限られ、事実上放置された状態にあったことから、イングランドやフランス、オランダ人による占領や植民が行われた。現在も、小アンティル諸島にイギリス領やフランス領、オランダ領があるのはそのためである。

さらに、エスパニョーラ島を含めたカリブ海西部の大アンティル諸島でも、すでに述べたとおり、砂金生産のブームは一六世紀前半には終わり、経済活動の中心はアメリカ大陸に移っていた。

当初、エスパニョーラ島では砂糖と牛皮の生産が行われたが、一六世紀後半にブラジルで砂糖の生産が大規模に始まったことから、エスパニョーラ島の砂糖産業は徐々に衰退した。また、スペイン商船団がキューバのハバナに集結して一路スペイン本国に戻る体制が整えられたために、エスパニョーラ島は寄港地としての役割を失い、戦略的にも経済的にもその価値は下がり、開発から取り残される結果となった。スペインは、サント・ドミンゴに要塞を築いて周辺を防衛するだけで精一杯であった。

こうした状況のなか、同島西部にフランス人が侵入するようになる。彼らは野生化していた牛や豚の狩猟を行って燻製肉《くんせい》を製造し、船などに売って生計を立てた。現地で木製の燻製用網を意味するブーカンという単語から、彼らはフランス語でブーカニエ、英語でバッカニアと呼ばれるようになる。その後、彼らは海に乗り出し、スペイン船を襲う海賊となったことから、この時代のカリブの海賊は、バッカニアと呼称されることになった。

なお、この時期の海賊行為は、正確にいうと、海賊と私掠《しりゃく》という二つに分けることができる。私掠とは、狭義には、国王などから交戦国の領地や船舶を襲う許可状である私掠状を得た船が行う掠奪行為であり、戦争行為の一環として位置づけられる。

ただし、実際には、海賊行為と私掠行為の境界はあいまいである。たとえば、ドレークは、エリザベス女王から事実上の支援を得てスペイン領やスペイン船を襲っていたが、正式な私掠状を保持していたわけではなく、ドレークの行為を私掠と呼ぶかどうかは難しいところである。もっとも、私掠状の有無にかかわらず、国家から実質的な支援や許可を得ていることをもって私掠と捉える広義の意味からいえば、ドレークの行為は、国家公認の掠奪行為、すなわち私掠ということになる。

もちろん、実態においては、私掠と呼ぼうと海賊と呼ぼうと掠奪行為には違いない。多くの場合、私掠状は海賊行為を正当化する名目にすぎなかった。バッカニアにとっては、私掠とはいえ、富を劫掠《ごうりゃく》することが主目的であり、スペインとの戦争行為としての意味は副次的でしかなかったのである。

一方、スペインと敵対するイングランドやフランス、オランダなどは、バッカニアによるスペイン船やスペイン領への掠奪を黙認し、ときには奨励した。こうした国にとっては、新大陸でのスペインの独占的利益にダメージを与える掠奪行為は好都合だったのである。こうして、カリブ海では、私掠を含めた海賊行為が蔓延《まんえん》していく。

さて、カリブの海賊バッカニアたちが集まる拠点はいくつかあったが、そのひとつがエスパニョーラ島北西沖に位置するトルトゥーガ島であった。トルトゥーガ島には、フランス人に限らず、イングランド人やオランダ人など多国籍の海賊たちが集まり、スペイン領やスペイン船への掠奪を繰り返していた。

こうした状況を受けて、一六三五年、スペインはトルトゥーガ島に遠征を行い、捕らえたバッカニアたちを絞首刑に処した。しかし、それは、海賊を抑止するどころか、バッカニアたちのスペインへの憎悪をますますかき立て、海賊行為をさらにはびこらせる結果になった。その後、トルトゥーガ島は、フランス人が奪回し、再びバッカニアの拠点になった。

一方、イングランド人のバッカニアたちは、プロヴィデンスと名付けたニカラグア東沖のプロビデンシア島を根拠地としたが、一六四一年にスペイン軍に征服されると、今度はバハマ諸島に根拠地を築き、ニュー・プロヴィデンス島と名付けた。

さらに、一六五五年、イングランドの護国卿クロムウェルが対スペイン戦争の一環としてカリブ海に艦隊を派遣する。イングランド艦隊は、当初、サント・ドミンゴ攻略を目指したが、作戦が難航すると、スペインの防衛態勢が整っていなかったジャマイカ島に標的を変え、同島を占領した。

このあと、ジャマイカにはイングランドの総督が着任するが、総督は、島の防衛と発展のため、独自にスペインに対する私掠状を発行した。その結果、ジャマイカにはバッカニアたちが集結し、同島南部に建設されたポート・ロイヤルの町は、バッカニアの一大拠点になるのである。

モーガンの掠奪行

この時代のバッカニアのなかで、もっとも有名なのが、ヘンリー・モーガン（一六三五～八八年）であろう。

モーガンの船団に乗船したことのある同時代のオランダ人ジョン・エスケメリングの『アメリカのバッカニア』によれば、一六三五年にイングランドのウェールズで生まれたモーガンは、若いころにカリブ海のバルバドス島に渡り、そこで五年の年季奉公を終えたあと、ジャマイカに移ってバッカニアに加わったという。その後、モーガンは、自らの船を持ち、ニカラグアのグラナダやプロビデンシア島に近接するサンタ・カタリナ島を襲うなど、スペイン領で掠奪を繰り返す。

図4—11　ヘンリー・モーガン

ジャマイカのポート・ロイヤルでは、モーガンの名は高まり、ジャマイカ総督から私掠船団の司令官に任命されることになった。先に指摘したとおり、このころ、ジャマイカ総督は、島の発展のため、私掠行為を奨励していた。

　私掠船団の司令官となったモーガンのもとには、カリブ海からバッカニアたちが集結し、一六六八年、モーガンは九隻の船団でポート・ロイヤルを出港する。船団に加わったバッカニアは、四六〇人であった。

　モーガンが襲撃先として選んだのは、パナマのポルトベロであった。パナマ地峡のカリブ海側に位置するポルトベロは、かつてのノンブレ・デ・ディオスに代わって、中南米大陸の富をスペイン本国に向けて積み込む港であった。当然、スペインにとっては最重要港である。

　モーガンはバッカニアたちに対して、「たしかに兵力は足りないかもしれないが、われわれの士気は高い。それに仲間の数が少ないほどかえって団結は固く分け前も多いのだ」といって鼓舞し、それに応えて、バッカニアたちは全員一致でポルトベロ襲撃に賛成したという。

モーガンの船団はポルトベロ沖に投錨すると、奇襲のためにボートやカヌーに乗り換えて町に近づいた。途中で、見張りのスペイン兵を捕らえて防備態勢について聞き出し、町の入り口のサン・ヘロニモ城砦に至って、スペイン守備隊との間で激しい戦いが始まる。そして、

図４—12　ポルトベロ攻略戦

図４—13　ポルトベロのサン・ヘロニモ城砦跡

モーガン率いるバッカニア軍は、守備兵もろとも城砦を爆破した。

ポルトベロの町では、襲撃を知った住民が壁の間や井戸の中、地下室などに宝石や現金を隠す。さらに、町中央のサンティアゴ・デ・ラ・グロリア城砦の守備兵は、モーガンの一団に対して激しい砲撃を浴びせた。一方、モーガンは、町の修道院を占拠し、修道士や修道女を捕虜とすると、彼らを盾に城砦を攻め立てた。

激しい戦闘ののち、モーガンの一団は、ハシゴを伝って城砦内に突入する。守備兵は降伏し、ポルトベロの町は陥落した。

このあと、バッカニアたちは、一五日間にわたって掠奪の限りを尽くすのである。財宝のありかを聞き出すために、多くの住民が拷問にかけられ、死んだという。

なお、ポルトベロ襲撃の知らせを受けたパナマ総督は、ポルトベロに守備隊を派遣したが、逆にその情報を聞きつけたモーガンは、パナマ地峡の道中でスペイン部隊を待ち伏せし、パナマ守備兵を敗走させた。そればかりか、パナマ総督に対し、ポルトベロ住民の解放のために身代金を要求し、一〇万ペソを手に入れて悠々とポルトベロを去ったのである。

モーガンはキューバ島沖の島で戦利品を分配したあと、母港ポート・ロイヤルに帰還する。ただし、エスケメリングによれば、バッカニアたちは、その金をまたたく間に酒と女のために使い果たしてしまったという。

バッカニアたちは、同年末には再びモーガンの呼びかけに応じ、遠征に繰り出すことになる。今度の船団は、計一五隻、九六〇人に及んだが、出航したとたん、エスパニョーラ島沿岸で逆風に遭遇し、七隻が落伍《らくご》して、計八隻、五〇〇人足らずの船団となった。

今回、モーガンが標的にしたのは、南米ベネズエラであった。

ベネズエラ湾にたどり着いたモーガンの船団は、マラカイボ湖岸のヒブラルタルを襲う。そして、ヒブラルタルを拠点に、五週間にわたって周辺で掠奪を繰り返すのである。その間、スペイン艦隊がベネズエラ湾の入り口に集結し、モーガンの船団を待ち受けたが、モーガンは、陸上の城砦を攻略すると見せかけてスペイン艦隊を引きつけ、そのすきに海上に抜け出し、莫大な財宝や奴隷を乗せてポート・ロイヤルに戻ったのである。

パナマ遠征

モーガンによるスペイン領への相次ぐ掠奪に対し、イングランド本国には、スペインから激しい抗議がなされていた。イングランド・スコットランド王チャールズ二世（在位一六六〇～八五年）は、カリブ海での海賊行為について、自らは知りえないと言い逃れをしていたが、ピューリタン革命期に大陸に亡命し、カトリックの擁護者でもあったチャールズ二世は、スペインに配慮せざるをえない立場でもあった。結局、イングランド本国の意向に従い、モーガンは、ポート・ロイヤルにおける私掠船団の司令官の職を解かれた。

スペインとイングランドの間では、カリブ海をめぐる外交交渉が行われていた。イングランドは、自国の私掠行為を停止することを条件に、カリブ海のジャマイカ島やセント・キッツ島を正式にイングランドの領有として認めるようにスペイン側に求めたが、スペインは、かたくなに要求を拒否していた。

一方、ポート・ロイヤルでは、スペイン艦隊によるジャマイカ攻撃が迫っているのではないかという噂《うわさ》が広まり、一六七〇年、ジャマイカ総督のモディファドは、自らの判断でモーガンを司令官に再任命した。そして、モーガンは、ただちに船団を編成するのである。

モーガンの呼びかけにバッカニアたちは集結し、その船団は、計三六隻、一八〇〇人余りに及んだ。それは、海賊艦隊とでもいうべきバッカニア史上最大の船団であった。

そして、モーガンは、この大船団の遠征先として、誰も思いつかないような大胆な計画を提案するのである。それは、太平洋岸の都市パナマの攻略であった。パナマは、中南米各地の富が集まる一大拠点であり、その攻略は、アメリカ大陸におけるスペイン支配を打ち砕く一撃となることは間違いなかった。

モーガンは、各船長に自らが発行した私掠状を与え、ポート・ロイヤルを出港する。ただし、モーガンは、直接パナマに向かうのではなく、まずは、ニカラグア東沖のサンタ・カタリナ島の攻略を目指した。

アメリカ大陸との中継地として戦略的にも重要なサンタ・カタリナ島をめぐっては、何度もイングランドとスペインの間で争奪戦が繰り広げられていた。しかし、モーガンの大船団

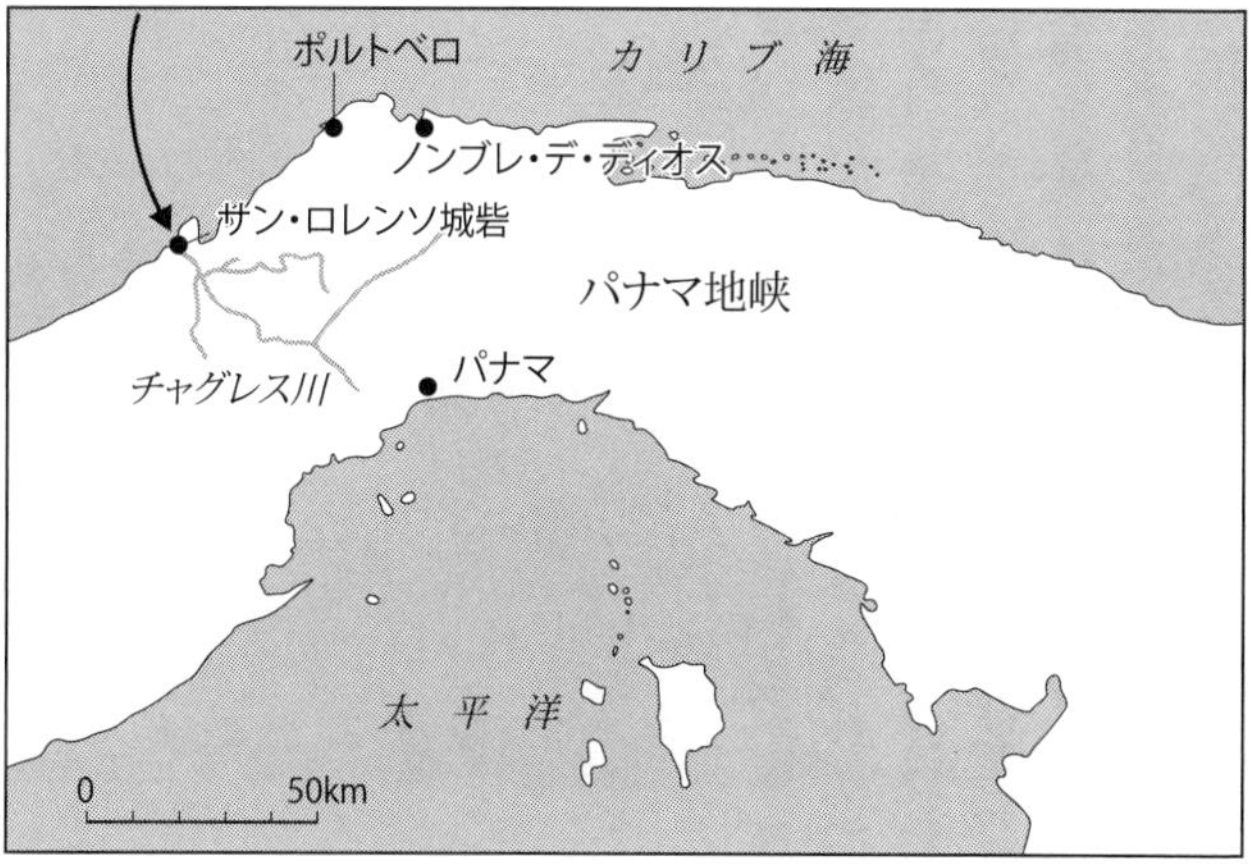

図４―14　パナマ地峡の地図

が近づき、一〇〇〇人余りの部隊が上陸すると、スペインの守備隊は戦わずして降伏する。こうして、モーガンは、パナマ攻略に先立ち、後衛の補給基地を確保するのである。

モーガンは、サンタ・カタリナ島から先遣部隊をパナマ地峡のチャグレス川河口のサン・ロレンソ城砦に向かわせる。そして、その攻略に成功したとの報を受けると、いよいよモーガン自身も本隊を引き連れ、パナマに向かうのである。

一六七一年一月、モーガン率いる約一二〇〇人の軍勢は、ボートやカヌーなどに乗り込んでチャグレス川をさかのぼり、パナマ地峡を横断する。途中、インディオの襲撃を受けるなど苦難が続いたが、遠征九日目、ついに太平洋を望む地点に到達した。

翌日、モーガンの軍勢は隊列を組み、ドラム

図４―15　パナマ攻略戦

を響かせ、パナマの町に向かって堂々と行進を開始する。一方、パナマ総督が指揮するスペイン守備隊も戦闘隊形を整え、お互いに一斉射撃が始まった。

二時間余りの戦闘のあと、スペイン守備隊は、モーガン率いるバッカニアの軍勢に押され、敗走した。スペイン側は約六〇〇人が戦死し、その他多くの守備兵が負傷し、捕虜となった。モーガンの軍勢はパナマの町に迫り、なおも抵抗する守備兵に砲火を浴びせて掃討し、三時間余りの戦闘のあと、パナマの町を占領した。

一五一九年に太平洋岸最初のスペイン植民地として建設されたパナマは、それまで一度も掠奪を受けたことはなかった。パナマには、中南米からの金銀をはじめとする財宝が集まり、経済的にも発展した都市であった。金・銀製の立派な祭壇や調度品を備えた七つの修道院とひとつの尼僧院、二つの教会があり、富裕な商人たちの家屋が二〇〇〇軒、一般の家屋が五〇〇〇軒、さらに多くの商店や倉庫などがあったという。

しかし、モーガンによる征服の直後、パナマ市内では各所で火が放たれ、またたく間に町

図4―16　パナマ旧市街の跡

図4―17　パナマの教会跡

全体が炎に包まれてしまう。エスケメリングは、モーガンが火を放つように命令したとしているが、モーガン自身はスペイン人の仕業だと主張し、またスペイン側の報告書でもパナマ市民が自ら火を放ったとされている。

いずれにせよ、繁栄を誇ったパナマの町は、モーガンの襲撃後、廃墟《はいきょ》となってしまうのである。いうまでもなく、スペインにとっては大打撃であり、その意味ではモーガンの目的のひとつは果たされたことになる。

モーガンは三週間余りにわたってパナマに滞在し、二月末、掠奪した財宝を一七五頭の馬やラバに積み込み、約六〇〇人の捕虜を連れてパナマをあとにした。モーガンの軍勢は、遠征の行路を引き返し、カリブ海側のチャグレス川河口の城砦にたどり着いた。

ただし、今回の遠征は、大部隊を動員して臨んだ割には、掠奪した戦利品が少なすぎた。町に火が放たれたことも痛手であったが、そもそも、モーガンの襲撃時に、パナマ住民の多くは、持てる財産をすべて持って町から逃げ出していたのである。

遠征に参加したバッカニアたちの不満は高まっていた。危険を察したモーガンは、チャグレス川河口にたどり着くと、こっそりと三、四隻の船に五〇〇人余りの仲間を乗せて、ポート・ロイヤルに向けて出帆してしまうのである。

パナマ地峡には、今回の遠征に参加していたフランス人バッカニアなどが残された。しかし、モーガンは食料を残していかなかったので、モーガンの船を追ってすぐに出港することができなかったのである。その後、食料もないまま残されたバッカニアたちは、苦難の末、ある者はトルトゥーガ島やポート・ロイヤルにたどり着き、ある者はそのままパナマの地で命を落とした。

ジャマイカ副総督への就任

ポート・ロイヤルに帰還したモーガンであったが、そこで待っていたのは良い知らせではなかった。

モーガンがパナマを襲撃したとき、すでに、イングランド本国は、スペインとマドリード条約を締結していたのである（一六七〇年）。同条約は、スペインがジャマイカ島などの領有を正式にイングランドに認める代わりに、イングランドはスペイン領への掠奪を行わないという取り決めをなすものであった。

そのような状況下で、条約の内容が伝わっていなかったとはいえ、モーガンは私掠船団の司令官として、スペインの最重要都市のパナマを掠奪し、廃墟としてしまったのである。独自の判断でモーガンを司令官に再任命したジャマイカ総督のモディファドは本国に召還され、ロンドン塔に幽閉された。そして、モーガンもロンドンに召還されるのである。

ところが、スペインからの猛抗議を受けて形式的にロンドンに召還したとはいえ、スペインの独占体制に果敢に挑んだモーガンは、ドレークと同様、イングランドでは英雄であった。

図4—18　ポート・ロイヤルの町

結局、モーガンは、パナマ掠奪をとがめられるどころか、国王からナイトに叙勲され、さらにジャマイカ副総督の地位を与えられるのである。

一六七六年四月、モーガンは、意気揚々とジャマイカ副総督としてポート・ロイヤルに帰着する。ただし、副総督としてモーガンに課せられた役割は皮肉な内容であった。それは、スペインとの条約に基づき、バッカニアたちを取り締まるという役割であった。

そして、私掠船団の司令官から取り締まる側に転身したモーガンは、その役目をきっちりと果たしていく。モーガンは布告を出し、三ヵ月以内に海賊を廃業する者には土地を与えるが、海賊行為を続ける者は絞首刑に処すと通知し、さらに、ポート・ロイヤルに入港する船舶を厳しく管理するのである。

イングランド本国の方針とモーガンの豹変《ひょうへん》によって、それまで私掠という名目で海賊行為を行っていたバッカニアたちは、ポート・ロイヤルから締め出され、トルトゥーガ島などに散っていく。こうして、海賊の根拠地としてのポート・ロイヤルの繁栄は、私掠船団の司令官であり、スペインから見れば明らかに海賊の首領であったモーガンによって幕が下ろされたのである。

その後、モーガンは政争に巻き込まれ、一六八三年に役職を剝奪《はくだつ》されたが、晩年はジャマイカの農園主として過ごし、一六八八年、島内でその生涯を閉じた。ジャマイカでは島を挙げた盛大な葬儀が行われたという。

その四年後の一六九二年、ジャマイカ島を大地震が襲う。ポート・ロイヤルの町は津波にのみ込まれた。こうして、一七世紀に海賊の根拠地として栄えたポート・ロイヤルは、うたかたのように消えてしまったのである。

キッドの活躍

バッカニアから身を起こし、私掠船団の司令官となり、ナイトに叙勲され、ジャマイカ副総督の地位にまで上り詰めたモーガンとは対照的に、私掠船の船長として活動したのち、時代に翻弄され、悲劇的な最期を迎えたのが、キャプテン・キッドことウィリアム・キッド（一六四五頃～一七〇一年）である。

キッドは、一六四〇年代にスコットランドの小さな港町で、カルヴァン派の牧師の家に生まれたと伝えられている。チャールズ二世の王政復古によるプロテスタントに対する弾圧も影響したのか、その後、北アメリカのイングランド植民地に渡っている。

イングランドでは、一六五一年に航海条例が制定され、当時の北アメリカ植民地は、イングランド船以外の外国船を排除する重商主義政策がとられていた。そのため、植民地では物資の不足や高騰に悩み、密貿易があとを絶たなかった。密貿易のなかには、海賊の掠奪品など怪しい取引も当然含まれていたであろう。こうした商機を活かして成功した商人の一人がキッドであった。キッドは、ニューヨークで数隻の船を所有する商人になったのである。

すでに見たとおり、一六七〇年のマドリード条約締結後、イングランドはバッカニアの取り締まりに着手したが、まもなくその方針は撤回された。一六八八年、ヨーロッパでの覇権拡大をねらうフランスのルイ一四世とそれを阻もうとするヨーロッパ諸国同盟の戦争が始まったのである。

フランスとイングランドは戦争状態になり、北アメリカ植民地にもその影響が波及する。戦争が始まると、海軍力を補うために再び私掠行為が認められるようになった。

フランスの私掠船は、イングランド船や北アメリカのイングランド植民地を襲撃し、それに対抗して、イングランドも私掠状を発行し、フランス船への攻撃を奨励した。そして、このとき、私掠船の船長として海に乗り出した一人がキッドであった。

キッドは、一六九〇年にカリブ海でフランスの私掠船二隻を拿捕するという成果を残している。しかし、自船の修理のため、小アンティル諸島のアンティグア島に寄港した際、事件が発生する。航海士ロバート・クリフォードが船員をそそのかし、船を乗っ取って逃走してしまうのである。クリフォードは、フランス船への襲撃だけでなく、自由に海賊行為をしたほうが実入りが大きいと考え、キッドの船を強奪して、純粋な海賊に転じたのである。

ただし、キッドは、その後も船を率いてフランス船への攻撃を続け、のちにはニューヨークの植民地議会から表彰されるほどの活躍を示す。キッドは、海賊ではなく、あくまで私掠の立場に留まるのである。

なお、一七世紀の後半には、バッカニアたちの活動の場は、カリブ海だけではなく、インド洋にも及んでいた。インド洋では、ムガール帝国などの商船のほか、イングランドやフランス、オランダの東インド会社の商船が行き交い、それをねらって海賊が横行したのである。とくに、条約の締結でスペインに対する私掠が封じられたあと、バッカニアたちのなかからインド洋に向かう者が数多く現れた。彼らは、インド洋とカリブ海、あるいはインド洋と北アメリカ植民地を往復しながら、海賊行為を繰り返したのである。

インド洋での海賊行為に対し、ムガール帝国や自国の東インド会社から要請を受けたイングランドは、海賊の鎮圧に着手する。とはいえ、フランスと戦争中で、イングランド海軍の艦隊を派遣する余裕はなかったため、海賊掃討の実行は、民間の私掠船に委ねられることになった。そこで白羽の矢が立ったのが、商用でロンドンを訪れていたキッドだったのである。

イングランド政界の有力者ベロモント伯から要請を受けたキッドは、私掠船の船長として、今度はインド洋に向かうことになる。ベロモント伯の呼びかけで政財界からの出資も集まり、国王の私掠状も得て、準備は整えられた。

一六九六年二月、テムズ川河畔のデットフォードから船員一五〇人を乗せたアドベンチャー号は、キッドの指揮下に出航した。

ところが、キッドの航海は出だしから不運に見舞われる。出航直後、テムズ川河口でイングランド艦隊に停船を命じられ、海軍に船員の半数近くを強制徴募されてしまうのである。

ようやく海に出たキッドは、二ヵ月余りにわたって大西洋でフランス船や海賊船を捜索するが、めぼしい敵船とは遭遇せず、いったんニューヨークに戻って船員を補充する。ただし、ニューヨークで集めた七〇人余りの船員は、戦時下で船員が不足していたこともあり、身元の怪しいバッカニア出身者が多数を占めた。ともあれ、九月になり、キッドはニューヨークをあとにする。

なお、キッドの航海は私掠活動であり、私掠の獲得がなければ船員にも報酬がないという条件であった。のちに、このことがキッドの転落を招く要因となる。

私掠から海賊へ

キッドのアドベンチャー号は、インド洋に向かい、海賊が拠点とするコモロ群島に到達する。しかし、近海を捜索するものの、海賊と遭遇しないまま、一〇ヵ月が過ぎていく。敵船と遭遇しないということは、船員にとっても報酬がないということを意味していた。

　ニューヨークから乗り込んだ船員を中心に、船長であるキッドに対して公然と不満の声が上がりはじめる。そして、キッドは、ある決意を胸に、インド洋を北上して紅海《こうかい》に向かうのである。

　紅海は、地中海とインド洋を結ぶ重要な航路であり、アラブ商船団やインドのムガール帝国の商船団などが行き来していた。キッドの船は、その紅海の入り口の島影に停泊した。

　このとき、キッドは、紅海を航行するアラブ商船団をねらうことを決意していた。それは、明らかにキッドに付与された私掠の権限を逸脱するものではあったが、船員の不満が頂点に達していたことに加え、異教徒の船への襲撃は容認されるだろうというキッド自身の読みもあったと思われる。

　ただし、そのころ、アラブ商船団は、折からの海賊の出没に警戒を強め、イングランドやオランダ、フランスの艦船を護衛として雇っていたのである。

　そして、キッドの前に、アラブ商船団が現れる。キッドのアドベンチャー号は、商船団に砲火を浴びせるが、護衛していたイングランド艦船に反撃され、目的を果たせぬまま撤退した。

　失敗に終わったとはいえ、キッドにとって、この事件はそれまで踏みとどまっていた一線を越えさせてしまう大きな転機となった。このあと、キッドはインド西部沖で次々と海賊行

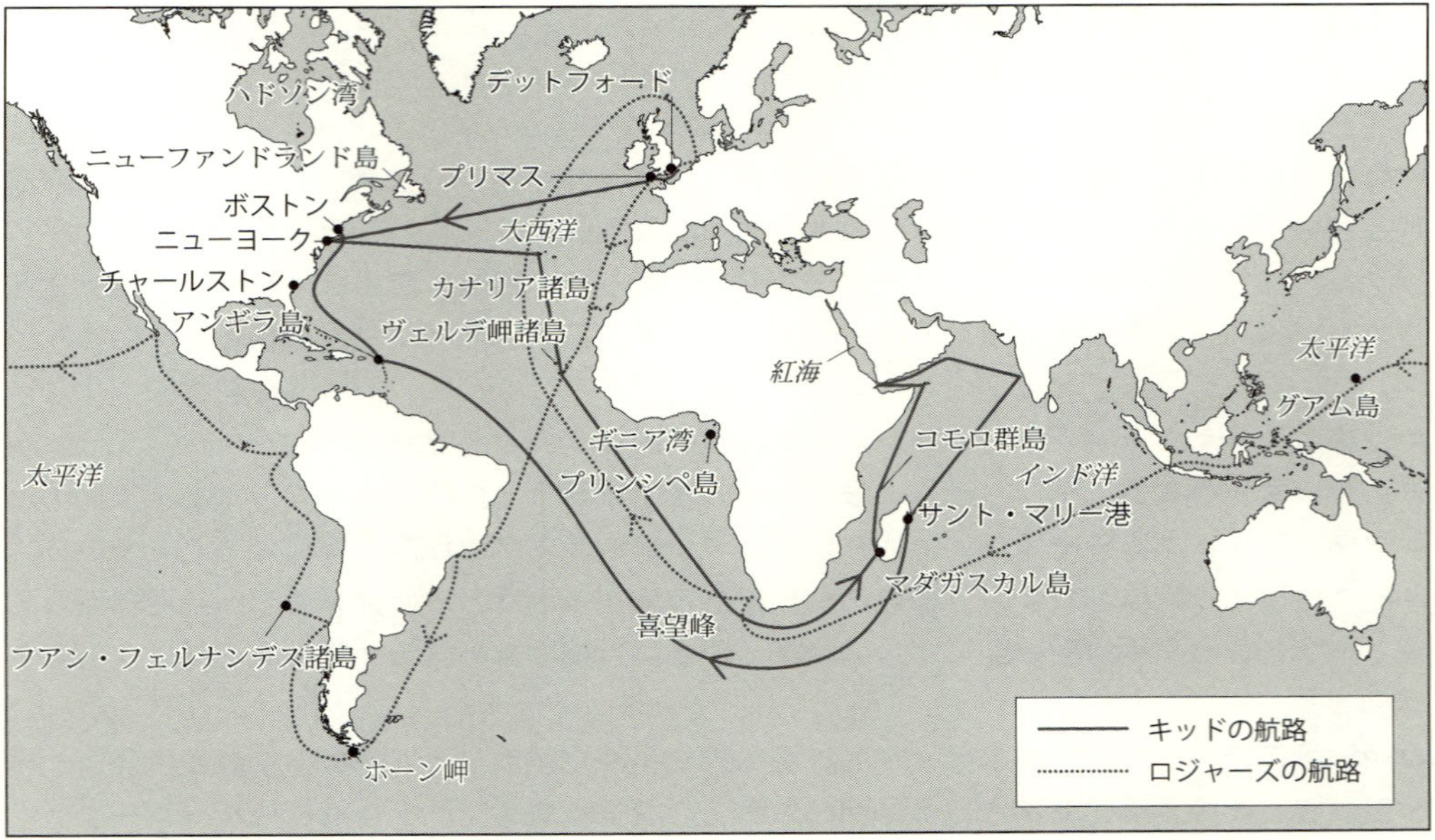

図4—19　キッドとロジャーズの航海図

為を繰り返すのである。

ただし、キッドは、最後まで自分の行為の正当性を信じていたと思われる。キッドは航行する商船を見つけると、アドベンチャー号にフランス国旗をはためかせて近づき、フランスの私掠船と勘違いした商船の船長がフランスの通行証を出した瞬間に、イングランド船であるという正体を明かし、商船を拿捕するという手順を踏んだのである。

一六九九年一月末には、そのような方法で、アルメニア商船クェダ・マーチャント号を拿捕している。同船は、中国の絹製品などを積載しており、キッドの遠征においては、最大の獲得物であった。ただし、同船の船長はイングランド人であり、また、フランスの通行証を持っていたとはいえ、そもそもアルメニア船の拿捕は、キッドに認められていた私掠の権限とは何の関係もなかったのである。ともあれ、キッドは同船を拿捕して逃走した。

キッドは針路を西に取り、マダガスカルのサント・マリー港に入る。海賊の拠点として知られていた場所である。そこで、キッドは思いがけない人物と会う。それは、かつて、カリブ海でキッドの船を奪ったクリフォードであった。クリフォードは、カリブ海からインド洋に向かい、イングランドの東インド会社に潜り込んで船長をしていたが、再び船ごと逃走して海賊に転じていたのである。

のちの裁判で、キッドは、このとき、クリフォードの船を拿捕しようとしたが、自船の船員に裏切られ、叶《かな》わなかったと証言をしている。しかし、むしろ同じ海賊仲間としてクリフォードと親しく接したという証言もなされている。

ともあれ、キッドは一ヵ月近くサント・マリーに滞在したが、その後、ニューヨークへの帰国の途につき、一六九九年四月、カリブ海のアンギラ島に入港した。

そこで、キッドは衝撃的な情報に接する。国王の布告によって、キッドには海賊として逮捕命令が出ていたのである。

キッドによるクェダ・マーチャント号拿捕の報は、すでにロンドンに届いており、海賊掃討の使命を帯びた艦船が海賊に転じたことは、政界を巻き込むスキャンダルとして問題になっていた。

そしてそもそも、フランスとの戦争は、キッドがクェダ・マーチャント号を拿捕する一年半前の一六九七年九月に終結していたのである。キッドには伝わっていなかったが、すでにキッドに与えられた対フランスの私掠状は無効であった。そして、海賊に転じたキッドに対し、国王ウィリアム三世は、その逮捕のため、艦隊をインド洋に派遣していたのである。

それでもキッドは、自らの潔白を信じていたのであろうか、北アメリカ植民地のボストンに向かい、当地で総督となっていたベロモント伯と面会する。しかし、キッドはそこで逮捕され、ロンドンに送られることになった。

一七〇一年、ロンドンの庶民院で審問が始まり、続いて、ロンドン中央刑事裁判所でキッドに対する裁判が行われた。

キッドは、航海中のいざこざで船員を殺害してしまったことを直接の罪状として、死刑判決を受けた。刑の執行は一ヵ月と待たずに行われ、五年前に出航したテムズ川河畔近くの処刑場で絞首刑に処せられた。キッドの死体はタールを塗られ、海賊に対する見せしめとして、その後数年間さらされ続けたという。

なお、キッドは、ボストンでの逮捕時に、掠奪した財宝を隠したと話し、実際にその一部はキッドの証言どおりの場所で発見された。しかし、掠奪した財宝の量に比べて発見された財宝が少なすぎることから、ほかにもどこかに財宝が隠されているはずだと推測され、海賊

図4—20　絞首刑に処せられたキッド

キッドの財宝伝説として語り継がれることになった。のちに、この話がスティーヴンソンの『宝島』やエドガー・アラン・ポーの『黄金虫』のモチーフになるのである。

ウェストファリア体制の成立

モーガンやキッドが生きた一七世紀は、国際政治における転換期でもあった。

一六一八年に始まった三〇年戦争は、神聖ローマ帝国内のカトリックとプロテスタントの宗教戦争に端を発し、ヨーロッパ諸国を巻き込む大戦に発展した。数百万人の犠牲者を出したといわれる三〇年戦争は、一六四八年にウェストファリア条約の締結によって終結する。そして、この三〇年戦争後の国際政治体制は、「ウェストファリア体制」と呼ばれることになる。その最大の特徴は、主権国家体制にある。

主権国家体制とは、それぞれの国が、ローマ教皇や神聖ローマ帝国皇帝などの権威や支配を排し、国内で独立的に統治を行う政治体制である。フランスのジャン・ボダンらが唱えた王権神授説では、各国の国王は、神から統治権を委ねられているとし、国王の絶対的な権力が正当化された。

一方、一七世紀のイングランドの思想家トマス・ホッブズは、王権神授説のように神の権威を持ち出すことなく、社会契約論と呼ばれる議論を展開して、主権国家体制を説明した。

ホッブズは、国家誕生以前の「自然状態」を想定し、そこでは人びとは「万人の万人に対する闘争」状態に陥り、生命の危険が絶えない状態にあるとする。そうした状況下では、人びとは自らの生存を最優先に考えるため、主権者と「社会契約」を行い、自らの権利を譲り渡す代わりに、生命の安全の保証を得るのである。

逆からいえば、主権者は、人民の生存を保証することを条件に、国家内で暴力を独占し、権力を行使することが正当化されることになる。なお、ホッブズの議論は、主権者を国王とすれば、絶対王政のイデオロギーとなり、主権者を議会とすれば、近代民主主義国家の思想として見なすことができる。

ともあれ、主権国家体制においては、国家による暴力の独占が正当化されるのである。実際、一七世紀以降、封建体制の下で貴族や傭兵などに分散していた兵力は、絶対王政や共和政の下で国軍として編成されていく。

海軍においても、イングランドでは、一七世紀半ばの共和政期とその後の王政復古期にイングランド海軍の整備が進み、フランスでも、同時期のルイ一四世の治世下でフランス海軍は増強された。もちろん、一七世紀から一八世紀にかけては、戦時において足りない戦力を補うために私掠船が認められ、活用されたが、時代とともに、徐々に私掠船への依存度は下がっていくことになる。

主権国家体制への変化とともに、この時期には、海洋をめぐる規範も変化を見せた。高林秀雄著『領海制度の研究』によれば、中世まで、海洋は所有の対象とはされず、独占的な利用は行われてこなかったという。例外的にヴェネツィアがアドリア海を、ジェノヴァがリグリア海の領有を主張するなどイタリア諸都市が近海の領有を宣言したが、海洋をめぐる決定的な変化は、スペインとポルトガルによる一四九四年のトルデシリャス条約によってもたらされることになる。

先に見たように、トルデシリャス条約は、スペインとポルトガルの間で大西洋を分割するものである。さらに、一五二九年のサラゴサ条約では、アジアにおける両国の勢力圏を線引きしており、事実上、両国で世界の海洋を分割し、独占的支配を宣言したのである。これに対し、イングランドやオランダ、フランスなどがその海洋支配に挑戦したことは、すでに見てきたとおりである。

こうしたスペインの政策に関し、カトリック神学者であるフランシスコ・デ・ビトリアは、一五三九年のサラマンカ大学での講演で、海洋の自由の視点を提示するが、伝道のために有利であるならば、スペインによる布教や通商の独占は認められるとして、事実上、スペインの独占的な海洋政策を容認する道を残した。

一方、海洋の分割とその領有を鋭く批判したのが、オランダの法学者フーゴー・グロティィウスである。グロティウスは、一六〇九年の『海洋自由論』や一六二五年の『戦争と平和の法』において、陸地とは違い、海には境界線がなく、広大で実効支配できず、また、すべての者の共同使用に耐えるという観点から、自然法に照らして、海洋は領有できず、開かれていると主張する。

他方、イングランドの法律家ジョン・セルデンは、一六三五年の『海洋閉鎖論』において、グロティウスへの批判を展開する。その論拠は、海も沿岸の地形などによって境界を定められること、大洋の実効支配は困難であるが、沿岸の沖合は実効支配できること、また、海といえども漁業や通商などは無限の資源があるわけではないという点を挙げ、海の領有を妨げる自然法も万民法も存在しないとして、海洋の領有を主張するのである。

グロティウスとセルデンの海洋論争に対して、同じく一七世紀のドイツの法学者プーフェンドルフは、沿岸海域と外洋を区別し、沿岸海域における領有の正当性を認めた。プーフェンドルフの理解は、その後、領海と公海の区別に基づく海洋法の発展につながっていく。すなわち、領海では主権国家による領有権が認められるとともに、公海では航行の自由などが確立していくのである。

すでに述べたとおり、イングランドは、一六七〇年のマドリード条約によってスペインからジャマイカ島などの領有を認められ、フランスも、一六九七年のライスワイク条約によってエスパニョーラ島の西側三分の一の領有を認められた。また、イングランドやフランスは、一七世紀後半以降、カリブ海や北アメリカ植民地で貿易やプランテーション事業を本格化させていた。

こうした事業を活性化させていたイングランドやフランスにとっても、海上や沿岸部への掠奪を繰り返す海賊は、いまや、商業活動の妨げとして有害な存在になったのである。こうして、一七世紀後半以降、海賊を容認する政策は改められ、その取り締まりが強化されていく。

イングランドでは、一六九九年に海賊法が制定され、海賊行為に対する裁判を植民地の法廷で裁き、処罰することが認められた。それまで、実質的に野放しともいえる状態にあった海賊は、もはや許容されることはなくなり、厳罰の対象になったのである。

そして、一七世紀後半以降、自由海域としての公海において、商業活動を妨げる海賊行為は不法で根絶すべき対象になっていく。先に見たキッドの処刑は、そうした時代の変化を象徴する事件であったといえよう。

ロジャーズの世界周航

一七〇〇年一一月、スペイン王カルロス二世が没すると、フランス王ルイ一四世の孫でスペイン王室の血を引くフィリップがフェリペ五世としてスペイン王に即位する。一方、フランスの勢力拡大を懸念するイングランド、オーストリア、オランダは、この王位継承を認めず、フランスとの間で戦争が始まる。いわゆるスペイン継承戦争である。

一七〇七年、イングランドとスコットランドは統合し、連合王国（以下、イギリスと表記）が誕生するが、イギリスはフランスと戦うにあたり、再び、私掠を認めた。ブリストルで船乗りの子として生まれたウッズ・ロジャーズ（一六七九頃〜一七三二年）は、この戦争で活躍したイギリスの私掠船長である。

一七〇八年八月、ロジャーズは、募った投資資金を元手に、デューク号とダッチェス号の二隻でブリストルを出港する。ロジャーズの船団は、カナリア諸島沖でスペインの商船を捕らえ、その後、大西洋を横断して南米沿岸に到達し、さらに南米最南端のホーン岬を回って太平洋岸に進出する。

なお、ロジャーズの船団は、チリ沖のファン・フェルナンデス諸島で、島に取り残されていたスコットランド人アレキサンダー・セルカークを発見して救出する。かつて船員であったセルカークは、船長ともめ事を起こして島に置き去りにされ、四年四ヵ月、島にたった一人で暮らしていた。セルカークは、野生の山羊《やぎ》やザリガニなどを食料とし、自ら住居や衣類を作りながら生き抜いていたという。セルカークのサバイバル生活の様子は、ロジャーズが帰国後に出版した『世界巡航記』に詳しく描写されているが、当時、これがダニエル・デフォーの創作意欲を刺激し、小説『ロビンソン・クルーソー』が誕生するのである。

さて、太平洋側に進出したロジャーズの船団は、ペルー沖でスペイン船を発見して捕獲する。さらに、ロジャーズは太平洋を捜索し、グアム島沖でスペインのガレオン船と遭遇して戦闘になる。ロジャーズはあごを撃たれる重傷を負いながらも、スペイン船の拿捕に成功する。その後、インド洋、喜望峰を回り、一七一一年一〇月、イギリスに帰還した。ロジャーズは、持ち帰った財宝と冒険の記録によって、イギリスの新たな英雄となるのである。ロジャーズの航海は、フランスやスペインに対する海賊行為であるようにも見えるが、ロジャーズ本人は、自らの遠征を母国のための戦争行為を兼ねた正当な投資事業と見なしていた。

一方、バッカニアに対しては、ロジャーズは、次のような手厳しい記述をしている。

彼ら（バッカニア）は何の規制をも受けない生活をしていて、なにかが手に入ると、すぐにそれを使い果たすのである。お金やお酒が手に入ると、無一文になるまで賭け事をやり、酒もなくなるまで飲み続けるという具合である。そして、打ったり飲んだりしている間は、船長とか水夫といった身分の区別もなくなる。というのは、上級船員の権限は多数の仲間から、ごく一時的に与えられているだけで、気紛《きまぐ》れに、いつでも、同じ仲間から地位を剝奪されたり、交替をさせられたりするのである。これでは、まともな仕事など、できるわけがない。また、バッカニアは、自分の国元では勇士とみなされることが多いにもかかわらず、私の聞き知った限りでは、彼らが真の勇気と思慮とを発揮した例は皆無に等しいのである。

（ウッズ・ロジャーズ『世界巡航記』平野敬一・小林真紀子訳）

ロジャーズの認識によれば、フランスやスペインとの戦争の一環として行う正当で秩序立った私掠行為と、バッカニアたちが行う無法で粗野な海賊行為とは、明確に区別されるのである。そして、このあとに見るとおり、ロジャーズは、バッカニアたちに対して容赦のない戦いを挑んでいく。

「海賊共和国」

一七一三年、ユトレヒト講和条約が締結され、スペイン継承戦争は終結する。同条約により、イギリスは、ハドソン湾やニューファンドランドなど北アメリカにおけるフランスの権益を自らのものとするとともに、スペイン植民地における貿易の最恵国待遇を得るのである。

一方、戦争中は私掠の名目で掠奪行為に及んでいたバッカニアたちは、戦争が終わっても、バハマのニュー・プロヴィデンスを拠点に掠奪行為を続けていた。しかし、それはもはや私掠ではなく、単なる海賊行為であった。

ニュー・プロヴィデンスはイギリス領であったが、戦争中にフランスやスペインの攻撃によって荒廃し、そこにバッカニアたちが入り込んでいた。湾の奥の港の入り口には砂州があり、大型船は入り込めないという地形が、むしろ海賊の根拠地としては最適だったのである。ニュー・プロヴィデンスには、このあとに見るとおり、黒ひげティーチをはじめ、カリブ海から海賊たちが集結し、スペインばかりかイギリスの船も襲って掠奪を繰り返していた。ニュー・プロヴィデンスの町は、掠奪品を転売する密貿易商人も集まり、大きな繁華街ができるなど活気に満ちていた。

そして、興味深いことに、先のロジャーズのバッカニアに関する描写にもあるとおり、海賊の社会は、原始的ながら民主的な側面が垣間見《かいまみ》られるのである。

たとえば、船長や操舵手《そうだしゅ》などの役職は、生まれつきの身分ではなく、船員たちの投票によって決まり、また、船上でのルールや各自の取り分などもあらかじめ定められ、比較的平等であった。このあとに登場する海賊バーソロミュー・ロバーツの船では、次のような掟があったという。

一、各人は、重大事項の票決に際し、一票の権利を有する。……

二、拿捕した船には、乗組員全員が乗員名簿に従って、平等に秩序正しく乗船するものとする。……

三、かねを賭けてのカルタや骰子賭博《さいころとばく》は絶対にこれを禁ずる。

四、八時をもって消灯時間とする。消灯時間を過ぎての飲酒は、露天甲板で行なうこと。

五、銃、ピストル、カトラス（舶刀）は各自が手入れを怠たらず、常に使用可能な状態にしておかねばならない。
六、女子供を船に連れ込むことは一切これを禁ずる。女をたぶらかし、男装させて船に連れ込んだものは死刑に処する。
七、戦闘中船を放棄したり持場を離れた場合は死刑もしくは置き去りの刑に処する。
八、船上で仲間同士が争うことはこれを禁ずる。争いはすべて当人同士が上陸し、剣とピストルによって結着をつけるものとする。
九、なんぴとも、自分の分け前が一千ポンドになるまでは仲間から離脱してはならない。このため、勤務中に不具になった乗組員に対しては八百ドル、それ以外の場合も傷害の程度に応じて共同基金から補償金を支払うものとする。
十、船長と操舵手は戦利品の二人分、マスター、甲板長、および砲術長は一・五人分、その他の上級船員は一・二五人分の分け前を取得するものとする。
十一、楽士は、安息日には休息してよい。それ以外の六日間は、特別のはからいがある場合を除き、無休とする。

（チャールズ・ジョンソン『海賊列伝』朝比奈一郎訳）

こうしたルールからは、この時代のヨーロッパが厳格な身分制社会で、絶対王政の時代であったことを考えると、海賊社会の独自性がはっきりと浮かび上がってくる。

さらに、ニュー・プロヴィデンスでは、バッカニアたちが総会を開き、彼らのなかから選出された人物が総督を名乗って、「海賊共和国」ともいえる解放区を作り出していたのである。まさに、カリブの海賊にとっての黄金期である。

しかし、その「海賊共和国」は突然の終わりを迎える。

イギリス国王ジョージ一世（在位一七一四〜二七年）が、海賊たちの一掃を決意するのである。ジョージ一世は布告を出し、一七一八年九月までに投降した海賊たちには恩赦を与えるが、投降を拒否し、海賊行為を続ける者に対しては容赦なく厳罰に処すと宣言した。そして、ジョージ一世は、新任のバハマ総督を送り込む。海賊掃討の使命を受けた新バハマ総督とは、スペイン継承戦争時に私掠船長として活躍したロジャーズであった。

ニュー・プロヴィデンスでは、国王の布告が伝わると、バッカニアたちによる総会が開かれ、議論が交わされたという。しかし、意見はまとまらず、ある者は国王の布告に従い、海賊の生活から足を洗うことを決意し、ある者は海賊稼業を続けるため、ニュー・プロヴィデンスを去っていった。

そして、一七一八年春、バハマ総督となったロジャーズがニュー・プロヴィデンスに到着する。ロジャーズは、要塞を築いて島の防衛体制を整えると、投降した海賊たちも引き入れ、海賊討伐の準備を整えていく。このあと、ロジャーズとカリブの海賊たちの戦いが始まる。

黒ひげティーチ

一七二四年に発表されたチャールズ・ジョンソン船長の『イギリス海賊史』には、この時期のカリブの海賊たちが多数登場する。なお、チャールズ・ジョンソンとは、『ロビンソン・クルーソー』の著者ダニエル・デフォーであるとの説もあるが、別人であるとの説もあり、論争に決着はついていない。

ともあれ、『イギリス海賊史』に登場する三〇人以上に及ぶ海賊の首領リストのなかでも、とりわけ有名なのが、黒ひげティーチことエドワード・ティーチである。

図４―21　エドワード・ティーチ

ジョンソンによると、ティーチの相貌は、顔全体を黒ひげが覆い尽くし、長く伸びたひげは何本にも編んで結わえられ、耳の後ろに回されていたという。さらに、戦闘のときには、火縄を帽子の下に結びつけ、肩から吊《つ》り革《かわ》を提げて、そこに三対のピストルをぶちこみ、凶暴なまなざしで相手を見すえ、その姿は、地獄の女王以上の恐ろしさであったと記している。

ティーチの凶暴さは、外見ばかりでなく、その行動にも現れている。

あるとき、ティーチは、一人の船員と船長室で酒を酌み交わしていたが、こっそりとテーブルの下で二丁のピストルを構え、引き金を引く。一丁のピストルは不発に終わったが、もう一丁のピストルは、男のひざを打ち抜くのである。いったいどうしてそんなことをしたのかと尋ねられたティーチは、「時には手下の一人も殺さねえことにゃ、おめえたちは俺様がだれかってことを忘れちまうだろうからな」といったという。

さて、ジョンソンによれば、奇《く》しくもロジャーズと同じブリストルに生まれたティーチは、スペイン継承戦争時には私掠船に船員として乗り込んでいたが、戦争が終わった一七一六年末には、海賊船の船長となり、北米や中米沖で掠奪行為を繰り返したという。

たとえば、北米サウスカロライナのチャールストン沖では、乗客を乗せたロンドン航路のイギリス船を拿捕している。ティーチは、チャールストンの町に使者を送り、医薬品を提供しなければ乗客を皆殺しにすると脅し、要求どおり医薬品が届くと、乗客を解放し、積み荷の金銀を奪って去っていったという。

ただし、この時期、現地の植民地総督のなかには、海賊と関係を持ち、戦利品を分かち合う者もいた。ティーチは、ノースカロライナ総督のチャールズ・イーデンと懇意になり、同地に滞在する。

　海賊の居座りに困った住民は、ひそかにヴァージニア総督に事態を訴え、ティーチ討伐を要請した。この要請に応えて、一七一八年一一月、ヴァージニアからロバート・メイナード大尉を指揮官とする艦船が送られるのである。

　ノースカロライナのティーチの船が停泊する入り江にメイナードの船が迫ったとき、ティーチの船にはわずか二五人しか乗り込んでおらず、さらには宴会中で酔っ払っていた者が多かったという。

　しかし、ティーチは異変に気づくと、船から砲撃し、メイナードに向かって「貴様は何者だ、どこからきやがった」と叫び、そしてこのあと、両者の一斉射撃が始まったという。

　ティーチは、接近してきたメイナードの船に手製の爆弾を投げつけ、手下とともにメイナードの船に乗り移って戦いを挑む。船上で激しい戦闘が始まり、ティーチとメイナードはお互いにピストルを撃ち合い、最後には剣を抜き合って戦ったという。

　ジョンソンの描写によれば、その最期は次のとおりである。


　大尉の率いる十二人の部下と黒髭《くろひげ》の率いる十四人の手下は激しい肉弾戦を展開し、海は血に染まった。黒髭はメイナードの発射したピストルの弾《たま》を身体に受けながら、なおしっかと立ち、恐ろしい形相で戦い続けた。身体には二十五ヵ所に傷を負い、そのうち五つは弾丸によるものだった。彼は数丁のピストルを発射し、最後にもう一丁のピストルに弾を込めながら、斃れた。（ジョンソン前掲書）

戦闘が終わると、ティーチの首はメイナードの船の舳先《へさき》に吊《つる》された。また、捕らえた海賊たちは縛り首の刑に処せられたという。こうして、伝説の海賊黒ひげティーチは、短い栄光の日々を閉じたのである。

二人の女海賊

先に見た海賊の掟にもあるとおり、この時代、基本的に女性は海賊船には乗れず、船上は男の世界であった。ただし、例外的に、二人の有名な女海賊がいる。アン・ボニーとメアリ・リードである。

アン・ボニーは、アイルランドで生まれたが、その後、北米植民地のカロライナに移る。父親はそこで農園を経営していたが、アンは若い船乗りと駆け落ちをする。二人が向かった先は、ニュー・プロヴィデンスであった。

そこでアンは、バッカニアの首領のジョン・ラカムと出会うのである。ラカムはアンに入れあげ、何度も豪華な贈り物を届ける。うだつの上がらない夫に愛想を尽かしたアンは、正式に離婚し、ラカムと結ばれて海に出るのである。

図4—22　アン・ボニー（左）とメアリ・リード

　もともと気性が激しく、腕力も強かったアンは、海賊の生活になじんだようである。アンの話を伝えるジョンソンの『イギリス海賊史』によると、船上では女であることを隠していたが、戦闘のときには、誰にもまして勇敢に戦ったという。

　もう一人の女海賊として知られるメアリ・リードは、イギリスで生まれた。行方知らずの夫を持つ彼女の母親は、養育費を得るために彼女を男の子として育てたという。メアリは一三歳を過ぎたころ、志願して軍に入隊する。軍隊でも、女であることは気づかれなかったという。しかし、メアリは軍隊で、ある青年と恋に落ち、自らの素性を明かして告白する。二人は軍を辞め、結婚して居酒屋を開く。

　しかし、慎ましやかな幸福を得たメアリに悲運が襲いかかる。夫が急死してしまうのである。メアリは生活のため、再び男に姿を変え、船員としてカリブ海に向かう商船に乗り込んだ。そして、その船がイギリス海賊に捕獲されてしまうのである。海賊は、メアリを船員仲間に引き入れ、メアリは海賊になった。そして、カリブ海にたどり着き、新たに乗り込んだ船がラカムの海賊船であった。偶然にも、男に扮装《ふんそう》したアンとメアリが同じ船に乗り込んだのである。

ジョンソンによれば、船上でアンはメアリを男と思い込み、好意を持って言い寄ったところ、お互いに女であることが発覚したという。このことは、ラカムを含めた三人だけの秘密となった。

ただし、この時代の海賊の運命は、アンとメアリの上にも降りかかる。一七二〇年、イギリス国王の布告を無視してジャマイカ沖で掠奪行為を続けていたラカムの船が、警戒に当たっていたイギリス艦船から攻撃を受けるのである。

このとき、甲板に出て最後まで戦ったのは、アンとメアリの二人だけだったという。ジョンソンによれば、メアリは、甲板の下で隠れる海賊仲間に向かって銃を発射し、「男らしく戦え」と叫んだという。

結局、アンやメアリを含め、ラカムの船員たちは捕まり、ジャマイカ島に連行された。海事法廷が開かれ、海賊たちには死刑判決が下る。ラカムは判決翌日に処刑されたが、その直前、アンは、ラカムと面会を許され、「あたしはあんたが縛り首になるのは悲しいよ。だけどあんたがもっと男らしく戦っていたら、犬みたいに吊されなくてすんだんだよ」といったという。

捕まった海賊たちは次々と処刑されたが、アンとメアリの二人は刑の執行を免れた。二人とも妊娠していたのである。その後、メアリは獄中で熱病にかかり、まもなく息を引き取る。アンは牢《ろう》の中で出産したようであるが、その後の行方は不明である。

悲劇的な人生を歩んだアンとメアリの二人であるが、ジョンソンの海賊史に、女海賊として紹介され、歴史に名を残すことになった。

最後の大海賊ロバーツ

カリブの海賊の黄金期に現れた最後の大海賊は、バーソロミュー・ロバーツである。ロバーツもまた、運命に翻弄された人物である。

一七一八年二月、ロンドンを出港した奴隷輸送船プリンセス号が西アフリカのギニア沖で海賊に襲われた。ロバーツは、このプリンセス号に船員として乗り込んでいたが、むりやり海賊船に乗せられ、船員にさせられてしまうのである。

六週間が経ったころ、海賊船の船長がギニア湾のプリンシペ島でポルトガル総督の罠《わな》にはまり、殺害された。そして、海賊の習慣に従い、船員たちの間で投票が行われ、後任の船長が選ばれた。それが、ロバーツであった。航海の経験や熟練した技術、卓越した勇敢さなどによって船員たちから船長に推されたのである。

ジョンソンによれば、このとき、ロバーツは、「俺は泥水にどっぷり手をつけてしまったから、もう海賊になるしかない。どうせなら、平水夫でいるよりは船長になろう」といったという。

さて、海賊船の船長になったロバーツは、隠れていた才能が開花したのか、海上に出るとたちまちオランダ船やイギリス船を次々と捕獲する。その後、針路を西にとって南米ブラジルに向かい、ブラジル沖でポルトガル商船団に遭遇するのである。

図4—23　ギニア海岸のバーソロミュー・ロバーツ

ロバーツの船は、海賊船であることを隠して船団に紛れ込み、停泊していた一隻に近づいて船を拿捕した。そして、このポルトガル船の船長を案内人にして、もっとも高価な積み荷の商船に接近する。

ロバーツは、目標のポルトガル船に一斉掃射を浴びせた。突然の襲撃を受けたポルトガル船は、大砲と信号旗で護衛の軍船に事態を知らせたが、ポルトガルの軍船は単独では救援に向かわず、僚船を待ち続けていた。その間にロバーツは、積み荷を満載した商船を拿捕して、逃げ去るのである。砂糖や皮革、煙草《たばこ》、装飾品、金貨などを積んだこのポルトガル船は莫大な価値があったという。

ロバーツは、南米ギアナで積み荷を売りさばき、カリブ海を縦断して、今度は北米沖で掠奪を繰り返した。さらには、カリブ海に立ち戻り、次から次に船を襲うのである。当時のフランス総督の報告書には、一七二〇年一〇月末の四日間に、フランス船やイギリス船、オランダ船など一六隻が捕獲されたという記録もある。

その後、ロバーツは、西アフリカに向かい、一七二一年の春から秋にかけて、ギニア沖で掠奪を繰り返した。ジョンソンによれば、ロバーツは、合計で四〇〇隻もの船を捕獲したという。

その頃になると、ロバーツは、「まっとうな船に乗り組んだら食い物は僅かで給料も安いうえに仕事はきつい。それにくらべてこの商売は腹いっぱい食えるし楽しみや安楽、自由と力がある。いちかばちかの仕事をしくじったところで、すこしばかり苦汁を飲む思いをすればすむことさ。どっちの稼業が得か勘定するまでもなかろう。楽しく短く生きるのが俺の主義さ」と言い放っていたという。

しかし、ついにロバーツの命運が尽きるときがやってくる。一七二二年二月、イギリス海軍の軍船スワロー号が、ギニア湾内に停泊中のロバーツの海賊船団を発見するのである。

ところが、スワロー号が海賊船団に近づく前に、一隻の海賊船がスワロー号に襲いかかってきた。スワロー号をポルトガルの砂糖輸送船と勘違いしたのである。

スワロー号は沖合に逃げるふりをして、砲撃の距離まで海賊船を引きつけると、側面の砲門を開けて砲撃を開始した。たちまち、立場は逆転する。海賊船は逃げようとするが、激しい砲撃を受けてマストも折れ、すっかり戦意を喪失して降伏した。

一方、ロバーツの乗船するロイヤル・フォーチュン号は、戦闘に気づかず、依然として湾内で停泊していた。海賊たちは朝から宴会を開き、仲間が獲物を引き連れて帰ってくるのを待っていたが、そこにイギリスの軍船が近づいてきたのである。

危機を悟ったロバーツは意を決し、全力でスワロー号の側《そば》を通過して湾から脱出する道を選ぶ。

ジョンソンによれば、ロバーツは深紅のチョッキと半ズボン、赤い羽毛を飾った帽子というでたちで、首にはダイヤモンドの十字架を吊した金の鎖をかけ、手には剣、肩から絹のたすきにピストル二丁を提げて、この決戦に挑んだという。

接近した両船は、お互いに激しく砲撃を加えた。ロバーツのロイヤル・フォーチュン号は、全速で脱出を目指したが、風向きが悪く、ますますスワロー号に接近してしまった。

そして、スワロー号からの砲弾の破片が甲板に立つロバーツの喉を貫いた。即死であったという。ジョンソンは、「このすみやかな死の訪れさえなければ、ロバーツは凄絶、絶望的な戦いで最後を飾っていたことだろう」と記している。

船長を失ったロイヤル・フォーチュン号は、抵抗を止《や》めて降伏する。ロバーツの海賊船団にいた二六四人の船員は捕まり、裁判を受けた。むりやり海賊船に乗せられていた船員は解放されたが、残りの船員のうち五四人は死刑判決を受け、一七人はロンドンの監獄に送られ、さらに鉱山での長期の重労働を宣告される者もいた。

死刑判決を受けた海賊たちは、アフリカの地で二週間にわたって一群ずつ処刑されたという。それは、海賊の黄金期の終焉《しゅうえん》を象徴的に示す出来事であった。

一七二一年、イギリスは新たな海賊条例を制定し、植民地の役人や商人たちに海賊と取引をすることをいっさい禁止する。以後、海賊と関わる者は、海賊と同様に処罰されるという厳しい内容であった。

こうして、一七一八年のイギリス国王の布告以降、海賊に対する取り締まりは強化され、その結果、次々とカリブの海賊たちは姿を消していった。ついに、海賊の黄金期は幕を閉じたのである。

しかし、いまだに海賊が生き延びている海域があった。それは、この時代の歴史の表舞台からは遠ざかっていた地中海である。

第5章　海賊の終焉

レパント海戦後の混沌

一五七一年のレパントの海戦のあと、地中海では、スペインやオスマン帝国、また他のヨーロッパ諸国のいずれも覇権を握ることなく、勢力が混在する状況が続いた。

一六世紀以降、北アフリカでは、アルジェに続き、チュニスやトリポリもオスマン帝国に編入されたが、地理的に本国から離れていた北アフリカのこの地域では、オスマン帝国からの直接支配が及ぶことなく、現地の勢力が自立的な統治を確立していく。

アルジェでは、オスマン帝国のスルタンから総督職のパシャが派遣されたが、イェニチェリと呼ばれるトルコ軍団やライースと呼ばれる海賊の首領たちなどの現地勢力に次第に権力を奪われていく。一六五九年には、パシャに対する反乱が起き、以後、アルジェの軍人集団の長であるデイが実質的にアルジェ領の支配者となった。デイは、世襲ではなく、権力争いに勝った軍人がその都度、デイの地位についた。

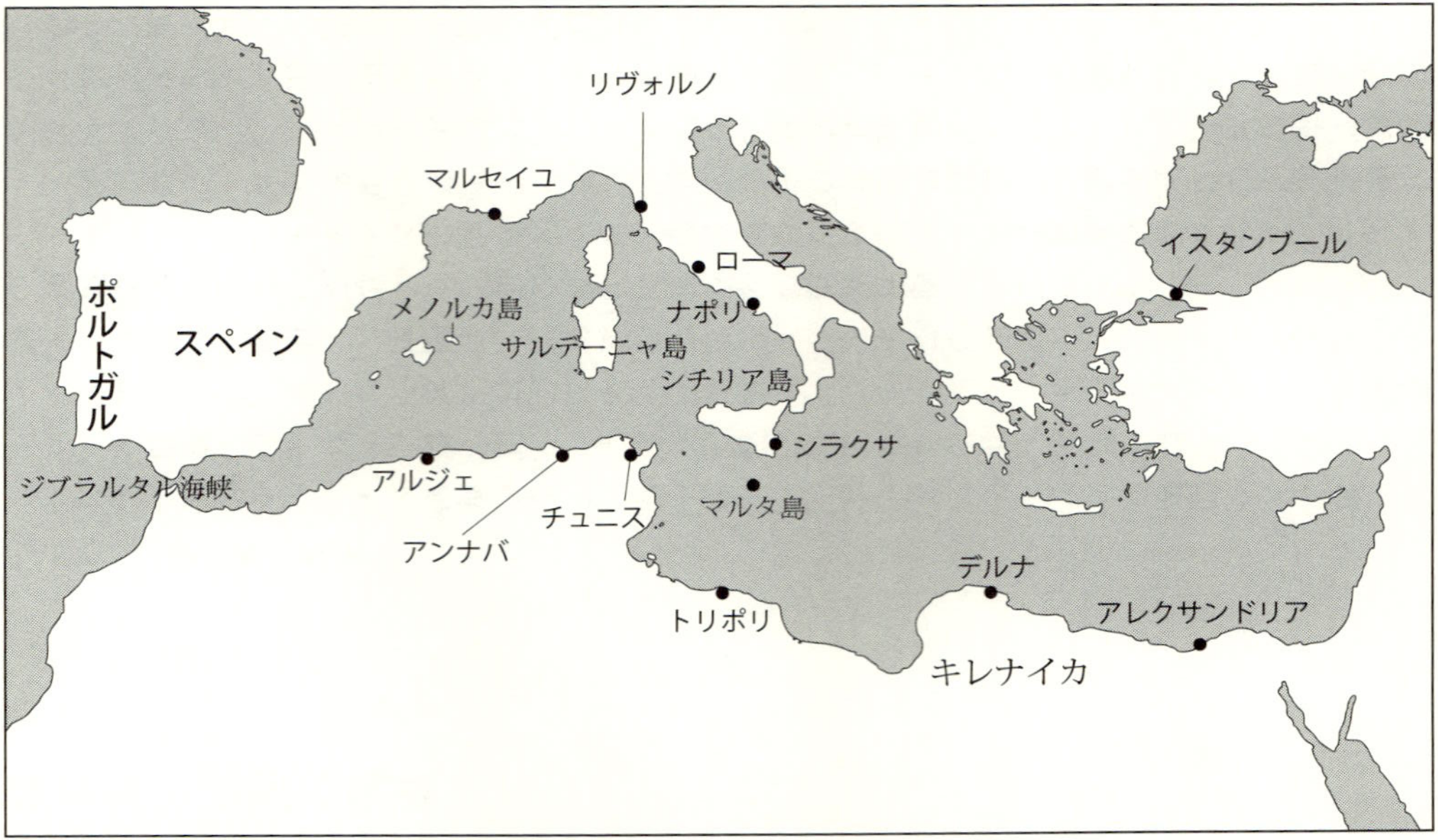

図5—1　北アフリカとヨーロッパの地図

図5―2　バルバリア海賊に襲われるフランス船（アントニス・アールト作、1615年）（イギリス国立海洋博物館）

一方、チュニスやトリポリでは、有力な軍人が台頭して権力を握り、それぞれフセイン朝とカラマーンリー朝を打ち立てる。実質的な支配者であるベイの地位は、フセイン家とカラマーンリー家でそれぞれ世襲された。なお、ヨーロッパから「バルバリア諸領」と呼ばれたこの地域は、レパント海戦後も海賊の根拠地になっていた。アルジェやチュニスから出港した海賊たちが、ヨーロッパ船やヨーロッパ沿岸を襲撃し、掠奪行為を続けていたのである。いわゆる「バルバリア海賊」である。

先に見たとおり、当時、イスラーム世界はキリスト教世界とは恒常的な戦争状態にあると見なされており、特別な和平条約を結んでいない限り、掠奪行為は正当化された。その意味からいえば、「バルバリア海賊」は、戦争行為の一環としての私掠行為ともいえる。

ただし、オスマン帝国はハプスブルク朝に対抗するため、一五三六年にフランスとの間でカピチュレーションを認める条約を結び、その後、一五七九年にはイングランドと、一六一三年にはオランダと同様の条約を締結して、友好関係を構築した。

そして、オスマン帝国のカピチュレーションに基づき、北アフリカ諸領においても、フランスやイングランド、オランダの商人は受け入れられ、これらの国々に対する「バルバリア海賊」の襲撃は控えられた。北アフリカ諸領には、イングランドやフランス、オランダから領事が派遣され、貿易拠点が築かれた。

しかし、一七世紀前半までは、北アフリカ諸領とこれらの国々は、しばしば紛争に陥っている。とくに、一六世紀末から一七世紀初頭にかけて、イングランドやフランス、オランダがスペインとそれぞれ和平条約を締結すると、北アフリカ諸領との関係は緊迫し、カピチュレーションの規定にもかかわらず、海上で、これらの国々の船舶に対する襲撃が行われるようになる。

また、イングランドやフランス、オランダ以外のヨーロッパ諸国に対する「バルバリア海賊」の掠奪行為は継続されており、その脅威は地中海に広がったままであった。

和平関係の構築

ヨーロッパ諸国と北アフリカ諸領の関係が安定的になっていくのは、一七世紀後半以降である。この時期、ヨーロッパ諸国は、北アフリカ諸領と独自に和平条約を締結していくのである。

たとえば、イングランドは、一六五八年にトリポリ領と、一六六二年にアルジェ領およびチュニス領と、フランスは一六六五年にチュニス領と、一六六六年にアルジェ領と、一六八一年にトリポリ領と、オランダは一六六二年にアルジェ領およびチュニス領と、一六八三年にトリポリ領とそれぞれ和平条約を締結している。

なお、この時期にはヨーロッパの海軍力に変化が生じていた。とくに、一六世紀以降、ヨーロッパでは青銅などを素材とする鋳造砲が発達し、大砲の射程距離や威力が向上した。そして、先に見たガレオン船など大砲を多数搭載した大型艦船が登場する。こうして、海軍力を強化したイングランドやフランスは、北アフリカ諸領との間で紛争が生じると、自国の艦隊を派遣して攻撃を加えるのである。

たとえば、一六七〇年には、イングランドはオランダ艦隊と共同でアルジェ遠征を行い、町に砲撃を浴びせ、和平条約を再締結している。フランスも、一六八二年、アルジェ領との間で紛争が生じ、アルジェに艦隊を派遣して砲撃を行い、最終的に和平条約を締結した。

イングランドやフランスが実力行使で和平関係を構築したのに対し、地中海に単独で艦隊を派遣する余力のなかったオランダは、北アフリカ諸領に対して、船舶資材や大砲などを定期的に貢納することを条件に和平条約を結んだ。

さらに、一八世紀になると、三ヵ国以外のヨーロッパ諸国と北アフリカ諸領の間でも和平関係が構築されていく。地中海貿易に参入したオーストリア、スウェーデン、デンマーク、スペイン、ヴェネツィア、ナポリなどである。レパントの海戦で戦ったスペインやヴェネツィアまでも、北アフリカ諸領と和平関係を築いていくのである。

ただし、これらの国は、オランダと同様、北アフリカ諸領に貢納を行うことを条件に、和平条約を締結した。たとえば、オランダはアルジェ領に対して、一七一二年、二四ポンド砲一〇門、二四本のマスト、五本の大綱、火薬四五〇バレル、小銃二五〇〇挺《ちょう》、銃身五〇箱などを送っており、ヴェネツィアも、一七六四年、二万二〇〇〇シークイン金貨と年間一万二〇〇〇シークイン金貨を貢納している。

なお、和平条約が締結されたとはいえ、北アフリカ諸領との間で問題が起きなかったわけではない。一七七二年には、貢納の支払いをめぐってデンマークとアルジェ領の関係が悪化し、デンマークの艦隊がアルジェに派遣されたが、結局、デンマークは再び新たな貢納を条件に条約を再締結した。また、ヴェネツィアとチュニス領の間でも、一七八四年から九二年にかけて紛争が起きている。

ただし、全体としては、一八世紀には、ヨーロッパ諸国と北アフリカ諸領の間で和平関係が構築されるに至り、それに伴って、「バルバリア海賊」の活動は沈静化した。

繰り返しになるが、フランスやイギリス以外のヨーロッパ諸国には、北アフリカ諸領との和平条約において貢納が課せられた。ヨーロッパ諸国は、地中海貿易に従事する自国商船の安全という実利的観点から諸領に対して貢納を行い、和平関係を維持したのである。いうなれば、ヨーロッパ諸国は、「バルバリア海賊」に対して、消極的ながらもその存在は容認したうえで、北アフリカ諸領と共存していたことになる。

アメリカ合衆国の建国

カリブ海では、一八世紀前半に海賊が一掃され、その黄金期は終わったが、地中海では、北アフリカ諸領と和平条約を結ぶことで海賊の活動は収まっていた。ところが、こうした状況に疑念を抱き、「バルバリア海賊」問題で行動を起こす国が現れる。一七七六年に独立を宣言したアメリカ合衆国である。

アメリカは、独立戦争を経て、一七八三年のパリ条約によって国際的に承認され、さらに、一七八九年には合衆国憲法が発効し、独立国家としての地位を確立していった。しかし、アメリカの建国、すなわちイギリスからの独立は、地中海において新たな問題を引き起こすことになる。それは、「バルバリア海賊」との遭遇であった。

それまでは、イギリス国旗を掲げてイギリスの庇護《ひご》の下にあったアメリカ商船は、独立後一転して「バルバリア海賊」による掠奪の対象となったのである。北アフリカ諸領の側から見れば、和平条約を締結していないアメリカの船は、絶好の標的であった。

一七八三年三月、マルセイユを出港した二隻のアメリカ商船がアルジェのガレー船に追尾され、危うく拿捕《だほ》されるという事件が発生する。いずれもスペイン海域に逃げ込んで難を逃れるが、以後、「バルバリア海賊」問題への対処は、アメリカにとって緊急の課題となる。
一七八四年五月、アメリカ議会はヨーロッパに滞在中のベンジャミン・フランクリン、ジョン・アダムズ、トマス・ジェファーソンの三人に対して、北アフリカ諸領との和平条約の締結に向けた交渉を行う権限を与える。一七八五年二月には、条約の予算として八万ドルが計上された。

しかし、こうしたなかで、事件は発生する。同年七月、アメリカ商船マリア号とドルフィン号の二隻が、計二一人の船員とともにアルジェのガレー船に相次いで拿捕されるのである。さらにアルジェ領は、アメリカに対して宣戦布告を行い、両者の対立は決定的になる。駐英公使アダムズと駐仏公使ジェファーソンは、北アフリカでの交易経験を持つアメリカ人ジョン・ラムを特使に任命してアルジェに派遣した。

一七八六年三月、ラムは、交渉のためにアルジェに赴くが、和平条約の締結はおろか、マリア号とドルフィン号の船員解放の交渉にも失敗し、成果はまったく得られなかった。アメリカとアルジェ領との交渉はその後も難航し、あとに見るように、両船の船員がアメリカに帰国するのは、それから一〇年以上のちの一七九七年であった。

アダムズ=ジェファーソン論争

のちに第二代大統領となるアダムズと第三代大統領となるジェファーソンは、ともにアメリカ独立期の指導者として、また初代ワシントン大統領の副大統領と国務長官として、アメリカの建国に尽くしたが、その政治姿勢は、一般に、アダムズは保守的あるいは現実主義的で、ジェファーソンは進歩的あるいは理想主義的であるといわれる。こうしたアダムズとジェファーソンの政治姿勢の相違は、「バルバリア海賊」問題への対応においても現れる。

一七八四年一二月一五日、駐英大使のアダムズは、アメリカ連合会議の外務長官ジョン・ジェーに対し、「バルバリア海賊」問題についての報告を送る。

アダムズは、アメリカの地中海貿易における利益や戦争の費用の面から考えて、貢納を拒否し、「バルバリア海賊」を鎮圧するという決断は、「英雄的であるが賢明ではない」として、現実的な立場から、貢納を受け入れて和平条約を締結するという提案を行うのである。

一七八六年二月二二日のジェーへの報告では、条約が締結されなければ、「短期的に多額の戦争費用がかかるばかりか、アメリカ合衆国の名声は急激に低下し、商業活動での致命的な妨害や保険料の高騰、アメリカ人捕虜の悲劇が加わる」と指摘し、北アフリカ諸領との対立を回避し、和平条約

図５―３　ジョン・アダムズ（ジョン・トランブル作、1792～93年）

図5―4　トマス・ジェファーソン（ランブラント・ピール作、1800年）

の締結を急ぐように進言している。

一方、駐仏大使のジェファーソンは、一七八五年八月二〇日、ジョン・ペイジへの手紙で、「問われているのは、和平と戦争のどちらが安上がりかというばかりでなく、われわれが名誉をとるか、金銭的な強欲さをとるかという選択でもある」とし、金銭的な利益ではなく、アメリカの名誉を重んじることを主張する。

さらに、「もし商業活動の自由を維持し、侮辱を受けることを避けようとするならば、われわれは（諸領に）われわれの力を見せつけなければならない。われわれの力に対する彼らの過小評価は、必ずや彼らとの戦争に導くであろう」と記している。

つまり、北アフリカ諸領に対して、貢納によって和平を獲得するという従来のヨーロッパ型の外交姿勢では問題は解決しないとし、商業の自由を守らせる環境を作り出すためには、強硬な態度で臨むことが必要だと主張しているのである。

このあと、アダムズとジェファーソンは、「バルバリア海賊」問題に関して、直接書面で議論を戦わせる。

一七八六年七月三日、アダムズはジェファーソンに次のような提案を行っている。

①イギリスなどの策略があったとしても、ある程度の金銭と引き替えに諸領と条約を締結することは可能であろう。
②フランスやスペイン、イギリス、オランダは、われわれのために（諸領への）影響力を使うべきではあるが、そうであっても金銭のやりとりなしに和平条約は締結されないであろう。
③イギリスの悪意や、逆にフランスの自発的な貢献は、交渉にかかる金額を大きく増減させるかもしれない。
④交渉の遅れが長引けば長引くほど、（諸領の）要求は大きくなるだろう。

以上四つの仮定から、私は、われわれが時間を浪費することなく、交渉を行い、必要な金額を支払うことがもっとも賢明な選択であると考えます。

（Gardner W. Allen, *Our Navy and The Barbary Corsairs*）

北アフリカ諸領への貢納を受け入れて、和平条約の締結を急ぐように主張するアダムズの提案に対し、七月一一日、ジェファーソンは次のように返信している。

四つの仮定のうち、私は最初の三つについては同意します。……四つ目については、要求は大きくなることもあるし、小さくなることもあるでしょう。

ただし、（諸領との）和平を金銭で買うということが決定しているのであれば、私にはその作業を遅らせる理由はありません。……

しかし、私は和平を達成するためには戦争という手段が好ましいと考えています。その理由は、正義はこの意見に同調すること、名誉もまた同じであること、（北アフリカ諸領との）戦争はヨーロッパにわれわれへの尊敬を呼び起こし、尊敬は利益の保護手段となること……です。（前掲書）

貢納による和平ではなく、軍事力の行使という強硬な対応を主張するジェファーソンの意見に対し、アダムズは、七月三一日、反論している。

もしアメリカ（議会）がバルバリア諸領と戦争を行うという方策に賛成するのであれば、私も喜んで対外的な戦争に訴え、われわれの貿易と人民を守るべきであると考えます。……しかし、議会は決してあるいは少なくとも数年の間は、そのような解決法をとらないであろうし、その間、われわれの貿易と名誉は計算を超える甚大な被害を受けることになるでしょう。

もしわれわれが彼らと最後まで戦うという決断をするのでなければ、私は、彼らとはまったく戦うべきではないと考えます。……多額の出費を行って彼らと戦い、結局彼らと条約を締結するよりも、貢納を払って条約を締結するほうが経済的であるように思います。……

私は海軍力を充実させることについてはあなたに賛成します。……しかし、私はあなたが（海賊の鎮圧に）必要な戦力について過小評価しているのではないかと考えます。

（前掲書）

このようにアダムズは、北アフリカ諸領に対する軍事行動の必要性は否定しないものの、現実的には、アメリカ海軍は力量不足であることや海軍を整備するために必要なアメリカ国内での合意形成が困難なことから、再度、貢納による和平条約の締結を主張するのである。

他方、ジェファーソンは、理念に基づいて、貢納という悪しき慣習を拒絶し、北アフリカ諸領に毅然《きぜん》とした態度で臨むことが、結局はアメリカの利益になるという立場を取り、北アフリカ諸領に対する交戦論を主張するのである。

結局、アダムズとジェファーソンの論争は結論に至らなかったものの、これ以後、アメリカは、海軍力の充実をはかり、ジェファーソンが主張する理念に基づく外交を目指しつつも、現実的には、アダムズが主張するとおり、貢納と引き替えの和平条約の締結を模索していく。

和平条約の締結

北アフリカ諸領に対するアメリカの条約交渉は、アメリカ財政の逼迫《ひっぱく》や国際政治の混乱などによって停滞するが、その間にも、海賊問題は深刻化していく。

一七九三年九月、アルジェ領がポルトガルとの条約を締結し、アルジェ船がジブラルタルを越えて活動領域を広げるようになると、翌一〇月、大西洋を航行するアメリカ商船一一隻が相次いでアルジェ船に拿捕されるという事件が発生する。

アメリカ議会は、「バルバリア海賊」問題への危機感を強くし、フリゲート艦六隻の建造を含む大規模な海軍予算を認めて海軍力の増強をはかると同時に、北アフリカ諸領との和平条約の締結とアメリカ人の解放のために、八〇万ドルの支出を承認した。

なお、フリゲート艦とは、大型の戦列艦よりもひと回り小さいながらも、高速で操船性に優れ、四〇門以上の大砲を搭載する攻撃能力を伴った当時の最新鋭の大型帆船であった。一般に、このときのフリゲート艦の建造をもって、現代に至るアメリカ海軍の創設の起源とされている。

さて、アメリカ議会での決議に基づき、一七九五年九月、特使としてジョセフ・ドナルドソンがアルジェに派遣され、ハッサン・デイとの交渉が開始された。

交渉は二日後の九月五日に合意に至り、アメリカとアルジェ領の間で和平条約が締結される。その内容は、アメリカが六四万二五〇〇ドルを即時に支払うとともに、約二万一六〇〇ドル分の銃砲や船舶資材を毎年アルジェに貢納するという条件であった。その見返りに、アメリカ人の解放とアメリカ商船への攻撃回避が保証された。

一七九六年一〇月一日、条約に示された支払い額の残高二〇万ドル分の金塊がアルジェに届くと、一〇年前に拿捕されたマリア号やドルフィン号の船員も含め、囚われていたアメリカ人八二人が解放された。

その後、アメリカはチュニス領やトリポリ領とも交渉を行い、一七九七年一月にトリポリ領と、八月にチュニス領と和平条約を締結した。

一方、アメリカ国内では、同年三月、アダムズが第二代大統領に、ジェファーソンが副大統領に就任していた。アダムズ大統領は、六月に、北アフリカ諸領への領事の派遣とアルジェのハッサン・デイから要求のあった二隻の巡航船の建造について議会に報告し、議会もこれを承認する。

バルバリア総領事兼アルジェ領事には、かつてアルジェ船に拿捕されたドルフィン号の船長で、一二年間アルジェで囚われていたリチャード・オブライアンが、トリポリ領事には同じくマリア号の船員であったジェームス・カスカートが、チュニス領事には軍人のウィリアム・イートンが任命された。

和平条約の締結と領事の派遣によって、アメリカと北アフリカ諸領との関係は、表面的に

図5—5　ウィリアム・ベインブリッジ（ジョン・ウェスレイ・ジャービス作、1814年）

は安定する。しかし、北アフリカ諸領は、その後も、和平条約の破棄をちらつかせながら、さらなる要求を繰り返すのである。

一八〇〇年九月には、アルジェに到着したアメリカのフリゲート艦ジョージ・ワシントン号の艦長ウィリアム・ベインブリッジに対して、アルジェのムスタファ・デイは、オスマン帝国本国に派遣するアルジェの特使をイスタンブールまで乗船させるように要求する。ベインブリッジは拒否したものの、条約をただちに破棄するとのデイの脅しに屈し、要求を受け入れた。

こうして、初代大統領の名を取ったアメリカ軍艦は、ムスタファ・デイの要求どおり、出港時にアルジェの旗を掲げ、アルジェ特使を送り届けるために、イスタンブールに向かうのである。この事件を知ったチュニス駐在領事イートンは、「私はこのような譲歩を受け入れるくらいなら、平和を失い、自分自身が捕らえられることを選択するだろう。わが祖国を目覚めさせるものはなにもないのだろうか」と書き記している。

トリポリとの対立

かろうじて保たれていたアメリカと北アフリカ諸領との和平関係は、一九世紀に入ると破綻を迎える。その端緒を開いたのはトリポリ領であった。

アメリカとトリポリ領は一七九七年に和平条約を締結したが、その条約の貢納に関する項目をめぐって問題が浮上していた。条約では、条約締結時の貢納を除けば、トリポリ領はアメリカに対する貢納の要求を放棄していたのである。

ただし、トリポリ領のユースフ・ベイは、ヨーロッパ諸国からは定期的な貢納を受け取っていることや、アルジェ領やチュニス領はアメリカから定期的な貢納を受け取っていることなどから、この規定に不満を抱いていた。

ユースフ・ベイは、一八〇〇年五月、アダムズ大統領にトリポリ領への貢納を求める次のような手紙を送る。

> われわれの親愛なる友人であるあなたの態度が、空虚な言葉ではなく、（貢納の）実行によって表明されることをわれわれは望んでいる。あなたは、優れた行動によってわれわれを満足させようとするであろう。
>
> しかし、もしうわべだけの言葉で行動が伴わないのであれば、誰もが自らが適切と考えるような行動を起こすであろう。われわれは、あなたが時間を軽視せず、早急な回答

を行うように求める。あなたの回答が遅れるならば、あなたの利益は損なわれるであろう。
（前掲書）

ユースフ・ベイは、アダムズ大統領に対して、トリポリへの貢納を要求するとともに、早急な回答と行動がなければトリポリ領がアメリカとの和平条約を破棄することを示唆したのである。

条約の破棄は、「バルバリア海賊」による掠奪の再開を意味していた。その言葉を裏付けるように、同年九月、イタリアのリヴォルノに向かっていたアメリカ商船カスリーン号がトリポリ船によって拿捕されるという事件が発生する。

カスリーン号は、トリポリ駐在のカスカート領事の交渉によって、一ヵ月後に解放されたが、この際にユースフ・ベイは、半年以内にアメリカから貢納がなされなければ、アメリカに対して宣戦布告を行うとカスカートに通告する。

アメリカ本国と北アフリカとの当時の通信は、不定期に来航するアメリカ船を通じてであり、数ヵ月の間、音信不通になることも珍しいことではなかった。そのため、トリポリ領の宣戦布告に関するカスカートの状況報告がアメリカ本国に伝わったのは、翌一八〇一年四月であった。アメリカではその前月に、ジェファーソンが第三代大統領に就任していた。

五月一五日、ジェファーソンは、艦隊を地中海に派遣することを決定し、六月二日、リチャード・ダールを司令官に、フリゲート艦など四隻の艦船をトリポリに派遣する。もともとジェファーソンが、「バルバリア海賊」問題において強硬な意見を持っていたことは、すでに見たとおりである。

そのころ、トリポリでは、半年の回答期限を迎えていた。五月一四日、ユースフ・ベイはアメリカ領事館に人を送り、アメリカ国旗を切り倒した。宣戦布告の意思表示である。カスカートは、ユースフに個人的な貢納を申し出て宣戦布告を撤回するように求めたが、ユースフはその提案を拒否し、カスカートは、交渉を断念してトリポリを離れた。

トリポリ領による宣戦布告は、ジブラルタルに立ち寄ったダールの艦隊の知るところとなった。七月二四日、ダールの艦隊はトリポリ沖に到着し、周辺海域においてトリポリ船の捜索にあたるとともに、トリポリを海上封鎖する。

一八〇二年二月、ジェファーソンは、第二次艦隊としてリチャード・モリスを司令官に、四隻の新たな艦隊を派遣する。しかし、第二次艦隊は、司令官モリスの経験不足もあり、トリポリに対する効果的な行動はなされないまま、一年以上が経過した。

ジェファーソンは、一八〇三年五月、第三次艦隊として、エドワード・プレブルを司令官とする七隻の艦隊の派遣を決める。そして、プレブルの艦隊のうち、ベインブリッジ艦長が指揮するフリゲート艦のフィラデルフィア号が一〇月七日にトリポリ沖に到着し、トリポリの海上封鎖を行う。

図5—6　座礁するフィラデルフィア号

図5—7　スティーブン・ディケーター（ジョン・ウェスレイ・ジャービス作）

同月三一日、フィラデルフィア号は、トリポリ西方の海上で、トリポリの小型船を発見し、追跡を行う。しかし、追跡の途中で、フィラデルフィア号は浅瀬に乗り上げ、座礁してしまうのである。すぐにトリポリの小型砲艦に取り囲まれたフィラデルフィア号は、斜めになった船体のために大砲を使うことができず、降伏する。

ベインブリッジ艦長以下、船員三〇七人は拘束され、フィラデルフィア号はトリポリ港に曳航《えいこう》されて係留された。ベインブリッジにとっては、三年前のアルジェ特使の乗船に続く屈辱であった。

　アルジェに向かっていた司令官プレブルに、フィラデルフィア号拿捕のニュースが伝わったのは、一一月二四日である。プレブルは、ただちにシチリア島のシラクサに向かい、奇襲作戦を準備する。トリポリに奪われた最新のフリゲート艦フィラデルフィア号の存在は、いまやアメリカにとって脅威となり、同船を破棄するのが、作戦の目的となった。

　一八〇四年二月二日、アメリカ艦船セイレーン号と商船に擬装した小型船イントレピッド号がトリポリに向かう。一六日、アメリカ将校スティーヴン・ディケーターが指揮する七〇人余りの兵員を乗せたイントレピッド号は、商船を装いながらトリポリ湾内に入る。

　イントレピッド号は夜を待って作戦を開始し、港内に係留されていたフィラデルフィア号に近づいていく。ディケーターの合図でフィラデルフィア号にいっせいに乗り移ったアメリカ兵は、警備のトリポリ兵を打ち倒

図5―8　炎上するフィラデルフィア号（エドワード・モラン作、1897年）（アメリカ海軍兵学校博物館）

して、計画どおり、フィラデルフィア号に火を放つ。その間、わずか二〇分の早業であった。トリポリ側も異変に気づき、港の砲台から砲撃したものの、ディケーターらは、援護に回ったセイレーン号とともにその場から脱出し、シラクサに帰還した。ディケーターの奇襲作戦の成功は、アメリカ本国に伝わり、のちに、ディケーターは、ジェファーソン大統領から大きな賞賛を受けることになる。

トリポリ戦争の結末

大統領に就任後、トリポリに対して三次にわたって艦隊を派遣したジェファーソンであったが、国内では依然としてトリポリ領への軍事行動について、積極派と消極派に意見が分かれていた。このため、ジェファーソンは、艦隊の派遣による軍事作戦と並行して、外交的手段を採用する。

一八〇三年八月、ジェファーソンは、チュニス領事に前トリポリ領事のカスカートを任命するとともに、トリポリ領事に新たにトビアス・リアーを任命して、トリポリ領との和平を模索する。

しかし、一八〇四年三月、アメリカ本国にフィラデルフィア号拿捕のニュースが伝わると、ジェファーソンは、同年七月、第四次艦隊としてサミュエル・バロンを司令官に、フリゲート艦四隻を派遣する。これによって、トリポリ沖に派遣されたアメリカ艦隊は、フリゲート艦六隻を含めて計一一隻の大艦隊となった。

一方、現地で活動中のプレブルの艦隊は、奇襲作戦のあと、身代金と引き替えに、フィラデルフィア号の船員の解放をユースフ・ベイに求める。ユースフがこの提案を拒否すると、アメリカ艦隊はトリポリへの攻撃を強め、海上封鎖だけではなく、小型砲艦によるトリポリの町への砲撃を開始する。ただし、砲撃は数次にわたって行われたものの、トリポリ側に決定的な打撃を与えることはできず、事態は膠着《こうちゃく》した。九月、バロンの艦隊がトリポリ沖に到着すると、プレブルからバロンへと司令官が引き継がれる。

バロンは、本国の指示のとおり、二つの作戦を同時並行で進める。ひとつがトリポリへの軍事行動の継続であり、もうひとつが和平の模索である。前者を担ったのが、初代チュニス領事のイートンであり、後者を担ったのが、トリポリ領事のリアーであった。

図5―9　ウィリアム・イートン（ランブラント・ピール作、1807年）

イートンは、チュニス領事としての任務を終えて一八〇三年五月に帰国したが、特別な任務を帯びて、バロンの艦隊とともに再び北アフリカに派遣された。イートンが担った任務とは、ユースフ・ベイに対するクーデター計画である。そもそもこの計画は、イートンがチュニス領事であった一八〇一年六月に、当時のトリポリ領事カスカートから伝えられたものであった。

計画は、ユースフによってトリポリ領を追われたユースフの兄弟アハマドをアメリカ軍が支援して政権の座につけ、アメリカと友好的な政権をトリポリに樹立するという筋書きであった。

一八〇四年一一月、イートンは、バロンの許可を得て、数名の海兵隊員とともにアハマド捜索のためにエジプトのアレクサンドリアに向かう。一八〇五年二月五日、アレクサンドリア近郊でアハマドを見つけ出したイートンは、クーデター計画を実行に移していく。

三月六日、イートンとアハマドらは、エジプトで募った約四〇〇人の兵員とともに陸上からトリポリ領に向けて出発する。イートンらは、約一ヵ月半をかけてトリポリ領東部のキレナイカ地方に進み、そこでアメリカ艦隊から補給を受け、キレナイカ地方の主要都市デルナを目指した。

四月二五日、デルナ近郊に到着すると、デルナ守備隊に町を引き渡すように要求するが受け入れられず、同月二八日、ついに戦闘が始まる。イートンの部隊は、海上のアメリカ艦隊からの援護も受け、その日のうちに守備隊を鎮圧してデルナを攻略する。

デルナ陥落の報を受けたユースフ・ベイもすぐに援軍を派遣し、五月一三日、デルナを攻撃する。この戦いにおいて、ユースフ・ベイの統治に反感を持っていたデルナの住民は、アハマドの側に立ってアメリカ軍とともにユースフ軍に対抗し、デルナの町を守り通す。住民の協力による抵抗によってユースフ軍は撤退し、デルナは、アメリカとアハマドの支配下に置かれた。

一方、イートンがクーデター計画を進めている間も、リアーは、トリポリとの和平の道を探る。四月二一日、ユースフ・ベイからの提案を受け、五月一八日、交渉が開始された。リアーはトリポリに上陸してユースフ・ベイと会談を行い、六月三日、アメリカとトリポリ領の間で和平条約が合意され、一〇日、正式に調印がなされた。

条約は、トリポリ領が提示した二〇万ドルではなく、アメリカの要求どおり、六万ドルをアメリカ人の身代金の名目で支払うこと、また、それ以外の貢納はいっさい行わないことが条件として明記された。

こうしてトリポリ領との戦争は終結し、ベインブリッジ船長を含め、フィラデルフィア号の船員は解放された。

和平条約締結の情報は、すぐに、デルナのイートンのもとにも伝えられた。

六月一二日夜、イートンは、デルナ沖に停泊中のコンステレーション号にアハマドとともにひそかに乗り込み、町を離れた。夜が明け、裏切りともいえるアメリカの行動がデルナの住民に伝わると、町はパニック状態となった。アメリカの支援を失ったデルナは、その後まもなく、ユースフ軍によって制圧された。

アメリカでは、トリポリ領との和平条約締結のニュースは、アメリカの軍事的・外交的勝利として受け止められた。ディケーターやイートンらによる軍事作戦の成功とトリポリ領への定期的な貢納を拒絶した外交姿勢が評価されたのである。一八〇六年四月、トリポリ領との条約は、アメリカ議会で批准され、バロンの艦隊は本国に帰還した。

トリポリ領との和平条約が締結されたことで、再び、アメリカと北アフリカ諸領との和平関係は構築された。ただし、アメリカ人解放のためにトリポリ領に身代金を支払ったことや、アルジェ領やチュニス領に対しては定期的な貢納が課せられていたことなど、アメリカにとっては、「バルバリア海賊」問題は完全決着とはいえず、火種は残ったままであった。

アメリカ新外交の確立

トリポリ戦争からまもなく、今度はアルジェ領がアメリカと衝突する。アルジェは、アメリカと条約を締結していたとはいえ、貢納が遅れることに不満を抱いていたのである。

一八一二年六月、米英戦争が勃発すると、イギリスは、アメリカとの戦いを有利に進めるため、アルジェのハジ・アリ・デイにアメリカ商船への掠奪行為を勧めた。

アルジェ領は、アメリカとの条約を破棄し、アメリカ船への攻撃を開始する。一八一二年八月には、地中海を航行中のアメリカ商船エドウィン号が船員一一名とともにアルジェ船に拿捕された。

一八一四年一二月、ベルギーのガンで米英戦争の講和条約が締結されると、アメリカは本

図5―10　ディケーター艦隊のアルジェ遠征

格的に「バルバリア海賊」問題の解決に乗り出していく。

一八一五年二月、ジェームス・マディソン大統領は、議会に対し、「バルバリア海賊」問題に関する討議を要求し、三月、議会は、アルジェへの宣戦布告に関する権限をマディソン大統領に与えるという決議を採択する。マディソンは、ただちに二艦隊の編成を指示し、司令官としてベインブリッジとトリポリ戦争の英雄ディケーターを指名した。

ディケーターの艦隊は、フリゲート艦三隻を含めて計一〇隻の大艦隊であった。五月、艦隊は、マディソン大統領の親書を携えてアルジェに向けて出航する。ディケーターに与えられた任務は、貢納や身代金の支払いをいっさい認めることなく、アメリカ人を解放し、アルジェ領と和平条約を締結することであった。

ディケーターの艦隊は、六月一五日にジブラルタルを通過すると、一七日、アルジェ近海を航行するアルジェ船を発見して戦闘になる。アメリカ側も四人が犠牲になるが、アルジェ側は、船長のハミダなど三〇人が死亡し、四〇六人が捕らえられた。

さらにディケーターの艦隊は、一九日、別のアルジェ船を船員八〇人とともども捕らえた。そして、二八日、艦隊はアルジェに入港するのである。アルジェ領ではその数ヵ月前に政変が起き、新たなデイとしてオマールが即位していた。

ディケーターによってオマール・デイに届けられたマディソン大統領の親書は、次のとおりである。


貴殿はアメリカに宣戦布告し、アメリカ人数人を奴隷とし、理由なく他の冒瀆《ぼうとく》行為を続けている。アメリカ合衆国議会は、最近の会期において公式に貴殿の政府に対する戦闘行為を承認した。われわれの艦隊はこの決定を実行するために地中海に派遣された。

艦隊は平和と戦争の二つの選択肢を持っている。そして、それを選ぶのは貴殿である。われわれは、貴殿が、日々パワーを増す（アメリカ）国民と良い関係を築くことによる有利さと戦争による不幸な結果とを比較し、両人民の間に長く存続してきた友好関係を回復することを選択すると考えている。……

しかし、持続的な平和は、両者に等しく有利な規定に基づくものでなければならず、一方が他方に同意できないものを含んではならない。この原則に基づく場合のみ、われわれわれは平和を望み、それを維持することが可能となろう。

（Emile Dupuy, *Americains & Barbaresques 1776-1824*）

親書は、身代金や貢納なしの和平条約を締結するというアメリカが提示する条件が受け入れられなければ、戦争も辞さないという強い態度を示している。

砲艦外交ともいえるアメリカの要求に対し、オマール・デイは、アメリカ側の要求をすべて受け入れ、和平条約の締結、貢納の廃止、身代金なしのアメリカ人の解放、さらに拿捕したエドウィン号に対する賠償金として一万ドルの支払いを承諾した。ディケーターは、このあと、チュニスとトリポリにも寄港し、それぞれのベイから同様の成果を得て帰国する。

北アフリカ諸領に対して、貢納を拒否しただけでなく、賠償金も獲得するというアメリカの外交的な成果は、貢納によって和平関係を維持していたヨーロッパ諸国に大きな衝撃を与えることになる。そして、このアメリカの行動をきっかけに、「バルバリア海賊」問題は大きく転回していくのである。

シドニー・スミスの告発

一八一四年八月、元イギリス海軍中将シドニー・スミスは、ヨーロッパ各国の諸王や貴族などに向けて、「バルバリア諸領の海賊行為を根絶させる必要性と手段についてのメモワー

図5―11　シドニー・スミス（ルイ＝マリ・オティシエ作、1823年）

ル」を送る。その内容は、「バルバリア海賊」の廃絶と北アフリカ諸領に囚われているキリスト教徒奴隷の解放を訴えるものであった。

スミスは、次のように書いている。

> いまや、産業発達し、文明の利益を最も享受する穏和な人々が暮らす文明化したヨーロッパは、西アフリカにおける黒人奴隷貿易の廃止について議論し、商業の利益や人間・財産の安全の利益を西アフリカに広げる努力を行っている。そのようなときに北アフリカについてまったく注意が向けられていないというのは驚くべきことである。
>
> そこでは近隣住民を抑圧するだけでなく、彼らを奴隷とし、彼らを使って武装船でヨーロッパ沿岸の勤勉な農夫や穏和な住民を襲うトルコ人海賊が暮らしている。このような恥ずべき掠奪行為は人間性に反しているばかりか、最も悪質な行為で商業活動を妨げている。というのも今日、商船の船員はみな、地中海であっても大西洋であっても、海賊にさらわれ、アフリカで奴隷にされるという不安を抱きながら航海をしているからで

ある。……知性と文明の進歩はどんなことがあろうと、このような海賊行為を根絶させねばならない。

（桃井治郎『「バルバリア海賊」の終焉』）

スミス自身、それまでイギリス海軍の地中海艦隊に所属しており、北アフリカ諸領の状況について詳しく知る立場にあった。そして、海軍を退役したスミスは、「バルバリア海賊」廃絶のために活動を始めたのである。

当時、「バルバリア海賊」による掠奪の対象となっていたのは、北アフリカ諸領と条約を締結していないナポリやサルデーニャなど数ヵ国に限られていたが、それでも北アフリカで捕らわれているヨーロッパ人は、合計で三〇〇〇人を超えていた。

スミスの「メモワール」は、「バルバリア海賊」が地中海の商船やヨーロッパ沿岸を襲撃し、ヨーロッパ人を奴隷としている現状を告発し、このような行為は人間性に反し、自由な商業活動を脅かす反文明的行為であると非難している。そして、これまでヨーロッパ諸国は、単に軍事行動を取らなかっただけでなく、脅しに屈して貢納を行い、北アフリカ諸領の危険な権力を強化してきたとして、ヨーロッパ諸国のこれまでの政策を批判するのである。さらに、スミスは、この問題でのヨーロッパ諸国の協調を促し、軍事的な行動と外交的な努力を求めている。

一八一四年末、スミスは、「バルバリア海賊」の廃絶を訴えるため、ナポレオン戦争の講和会議を開催中のウィーンに出向く。しかし、戦後ヨーロッパの秩序再構築を最優先の課題とするウィーン会議において、スミスの訴えに対する各国首脳の反応は乏しく、結局、陳情はほとんど相手にされなかったという。

このように、スミスの訴えはすぐに実を結ぶということはなかったが、結果的に見ると、スミスが立てた細波《さざなみ》は、最終的にはヨーロッパの国際政治を動かし、北アフリカ諸領に大波となって押し寄せていくのである。

エクスマス卿の遠征

スミスの求めたようなヨーロッパ諸国の協調的な取り組みではなかったものの、イギリス政府は、ウィーン会議後、イギリスの保護下に入ったマルタなどの安全を確保するため、北アフリカ諸領との交渉を行うことになる。

一八一六年春、イギリス海軍提督エクスマス卿《きょう》が率いるイギリス艦隊が北アフリカ諸領に向かう。エクスマスは、圧倒的な軍事力を背景に、アルジェでオマール・デイと交渉し、イオニア諸島、サルデーニャ王国、シチリア王国の代理人としてそれぞれの国とアルジェ領との和平条約を締結する。また、囚われていたマルタ人とジブラルタル人を解放し、身代金を支払ってサルデーニャ人も解放する。

さらに、エクスマスの艦隊はチュニスとトリポリに向かう。

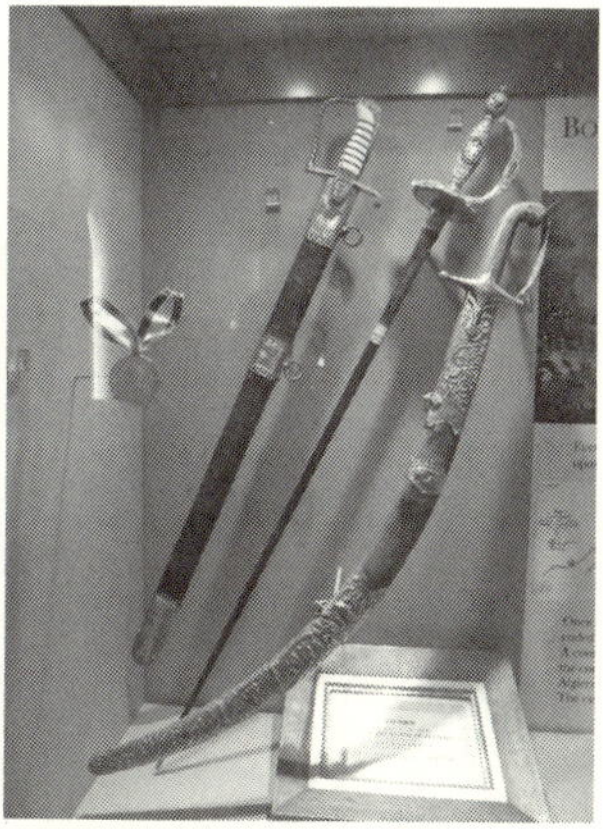

（左）図5―12　エクスマス卿
（右）図5―13　アルジェ遠征時のエクスマス卿の剣と勲章（イギリス王立海軍博物館）

チュニスでは、アルジェとの交渉と同様に、キリスト教徒を解放し、チュニス領と各国の和平条約を締結する。

なお、このときの交渉で、エクスマスは、キリスト教徒奴隷の廃止が望ましいとチュニス領のマフムード・ベイに伝えたが、通訳がその廃止を決定したと誤って伝えたことから、キリスト教徒奴隷を廃止せよという要求となって伝わることになった。

キリスト教徒奴隷の廃止を求められたベイは、エクスマスとの会談を中断し、側近らと協議する。そして、最終的にこの要求を受け入れ、今後は、捕らえたキリスト教徒を奴隷としてではなく、戦争捕虜として扱う旨の同意を与えたのである。

期せずして、キリスト教徒奴隷の廃止という回答を得たエクスマスは、トリポリ領やアルジェ領に対しても、この要求を突きつけていく。トリポリ領のベイからは、チュニスと同様に、キリスト教徒奴隷を廃止するという回答を引き出した。

一方、再びアルジェに寄港したエクスマスは、オマール・デイにも、キリスト教徒奴隷の廃絶を求める。しかし、デイはエクスマスの要求を拒絶し、交渉は難航する。エクスマスは、要求が受け入れられなければアルジェを砲撃すると警告したが、デイはこれに対抗し、アルジェ領内のイギリス人を全員拘束すると宣言する。

こうした激しいやりとりはあったものの、結局、このときは全面的な軍事衝突には至らず、エクスマスの艦隊は、六月にイギリスに帰国した。

しかし、エクスマスの対応は、スミスの告発などによって「バルバリア海賊」問題への関心が高まりつつあったイギリス国内で批判を浴びることになる。キリスト教徒の解放のために、アルジェ領に身代金を支払ったことなどが、その前年のアメリカの毅然とした外交と比較されて批判の対象になったのである。

さらに、このとき、アルジェ領のアンナバで許可を得て珊瑚漁に従事していたシチリアなどの漁民が虐殺されるというニュースが伝わった。イギリス政府は、アルジェ領に対する軍事作戦を決断し、エクスマスは、帰国後すぐに艦隊を率いて、再びアルジェへと向かうのである。

エクスマスはオランダ艦隊と合流し、八月末にアルジェ沖に錨を降ろす。イギリス・オラ

図5—14　エクスマス艦隊によるアルジェ砲撃

ンダ連合艦隊は、イギリスが一五隻、オランダが一〇隻の計二五隻で構成される大艦隊であった。

八月二八日、エクスマスは、すべてのキリスト教徒奴隷の即時解放、キリスト教徒奴隷の禁止、そして、イギリスが四月に支払った身代金の返還をオマール・デイに要求する。ただし、その返答までの猶予はたったの一時間であり、交渉というよりも事実上の宣戦布告であった。

イギリス・オランダ艦隊からの攻撃は昼夜に及び、アルジェの町は容赦のない砲撃に見舞われたという。この戦闘でのアルジェの惨状について、のちに、アルジェのデイは、オスマン帝国のスルタンに向けて、「それは、人間の歴史において見たことのないようなおぞましい戦闘であった」と報告している。

翌二九日朝、エクスマスは、前日と同じ要求をデイに伝える。デイはエクスマスの要求をすべて受け入れ、奴隷としていたヨーロッパ人をすべて解放した。エクスマスは、チュニスとトリポリのベイにも文書を送り、アルジェでの出来事を伝えるとともに、すべてのキリスト教徒奴隷を即時に解放するように要求して、イギリスに帰国する。

こうして、エクスマスの遠征によって、北アフリカ諸領におけるキリスト教徒奴隷の解放が果たされた。ただし、これらの軍事行動によっても、「バルバリア海賊」問題が万事解決されたわけではなかった。というのも、北アフリカ諸領と条約未締結のヨーロッパの国は残ったままであり、また、条約締結国といえども、和平条約やキリスト教徒奴隷の禁止の取り決めが突然破棄される可能性は残っていたからである。

結局、条約の締結では最終的な問題解決とは見なされず、その潜在的脅威を排除するため、「バルバリア海賊」の存在そのものを根絶することが求められていくのである。

海賊廃絶の決議

ウィーン会議後、ロシア皇帝アレクサンドル一世は、スミスの告発に呼応し、「バルバリア海賊」問題への関心を高めていた。アレクサンドルはイギリスに協力を呼びかけ、イギリス政府もアレクサンドルの主張に同調して、「バルバリア海賊」問題をヨーロッパ諸国間で協議することに同意する。

「バルバリア海賊」問題がヨーロッパ諸国の間で初めて公式に討議されたのは、一八一六年八月から始まるロンドン大使級会議であった。ウィーン会議のあと、ヨーロッパ諸国は、いくつかの個別テーマで会議を持ったが、そのひとつがロンドン会議であった。

なお、ウィーン会議後の国際秩序は、ウィーン体制と呼ばれている。その特徴のひとつは、ヨーロッパ大国間の協調体制にある。とくに、ヨーロッパの大国が国際問題について協議し、解決を目指す外交方式は、会議外交システムとして知られる。ウィーン体制は、現在まで続くいわゆる国際社会の萌芽期にあたるのである。

さて、イギリスの呼びかけで開催されたロンドン会議では、奴隷貿易問題と「バルバリア海賊」問題が討議された。会議は、一八一六年八月二八日に始まり、イギリス、フランス、ロシア、オーストリア、プロイセンの五ヵ国が参加した。このなかで、ロシアは、「バルバリア海賊」に対抗するヨーロッパ諸国の「大同盟」を構築すべきであると主張し、その同盟の具体的内容が討議された。

一八一八年五月二四日の第一四回会合において、議長国イギリスのイニシアティブで同盟構想の試案が作成された。その内容は、北アフリカ諸領とオスマン帝国本国に対して、「バルバリア海賊」の廃絶を要求するとともに、軍事的には、北アフリカ諸領と戦争になった場合に、ヨーロッパ諸国は一致して行動するというものであった。

ただし、同草案は、フランスの反対もあり、最終的な合意を得るには至らず、議論は、各国首脳によるアーヘン会議に持ち越されることになった。

一八一八年九月に始まるアーヘン会議において、「バルバリア海賊」問題は、会議終盤の一一月七日の会合で初めて議題となった。ロンドン会議の議論を踏まえ、ロシアは、あらためて「バルバリア海賊」の廃絶のための同盟の形成を提案したが、北アフリカ諸領と長い友好関係を持つフランスは、ロシアの提案に反対した。フランスは、各国が個別に対応する従来の方式を主張したのである。

結局、同盟についての意見はまとまらないまま、閉会二日前の一一月二〇日、「バルバリア海賊」問題は、ごく短い議定書の形で決着を迎えることになった。

議定書の全文は次のとおりである。署名国は、イギリス、フランス、ロシア、オーストリア、プロイセンの五ヵ国である。

諸全権代表は、バルバリア海賊を効果的に抑制するためにロンドン会議で討議された様々な計画を審査した。(ロシアの)カポディストリアス伯は、ヨーロッパ商業へのバルバリア海賊による悪事に対して何らかの防御策をできるだけ早く講じ、バルバリア諸領への直接的・効果的政策を決断することがいかに重要かを認識していたので、この問題について今一度本会議で討議することを要求した。

諸代表は、平和的な商業活動に敵対するシステムをバルバリア諸領が放棄しない場合にはヨーロッパ列強は総同盟を結成することと、バルバリア諸領がとる熟考の末の(海賊行為の放棄に伴う）結果と自らの存在にまで影響を与える（その拒否に伴う）結果とについて彼らに真剣な態度で通告することを、バルバリア諸領に強い影響力を持つフランスとイギリスの全権代表に託した。

リシュリュー公とカースルレー子爵は、バルバリア諸領へ通告するのに必要な指令を行うことと他の内閣にもその結果を知らせることを約束した。署名した五列強は、オスマン帝国にも同様に、もしバルバリア諸領が現在のシステムを固持してヨーロッパ列強による決定的な政策を引き起こすならば、バルバリア諸領が直面するであろう危険について友好的に知らせるつもりである。

（前掲書）

決議された内容は、もし、北アフリカ諸領が海賊行為を放棄しないのならば、ヨーロッパ諸国は同盟を結成し、直接的な行動を起こすという決意を北アフリカ諸領とオスマン帝国に通告するというものである。

ロンドン会議で議論された具体的な同盟の中身にはまったく触れられていないが、それでも、北アフリカ諸領とオスマン帝国に対して、「バルバリア海賊」を廃絶するように求めることが決議され、その通告行動は、イギリスとフランスの両国で行うとされた。

そして、この議定書に従い、イギリスとフランスの連合艦隊が北アフリカ諸領に向かうのである。

ヨーロッパの通告

一八一九年夏、アーヘン会議での決議に基づき、イギリス海軍のフリーマントル中将とフランス海軍のジュリアン准将が率いる計八隻の英仏艦隊が派遣される。

八月三〇日、フリーマントルとジュリアンの艦隊は地中海のメノルカ島で合流し、九月一日、英仏艦隊は第一の目的地であるアルジェに向けて出航する。つい数年前までのナポレオン戦争時には、地中海でも激しく戦った両国が、いまや連合艦隊を組んで、北アフリカ諸領に向かったのである。

フリーマントルとジュリアンによって北アフリカ諸領に伝えられた通告書の内容は、次のとおりである。

ヨーロッパ列強は、全ての国の一般的利益に反するだけでなく、商業活動を行う人々の繁栄への希望をも打ち壊す海賊のシステムを廃絶することを決定した。

もし、バルバリア諸領がまったく平和的な商業活動に対する敵対的システムを保持し続けるのならば、ヨーロッパ列強同盟との対決を必ずや引き起こすであろう。事が手遅れになる前に、（ヨーロッパ）同盟によって自分たちの存在が危うくなるという可能性を考えるべきである。

しかし、我々は、海賊行為の継続による不吉な結果を予告するのと同時に、そのような災いを生むシステムを廃止するのであれば、ヨーロッパ諸国は、（諸領との）友好的関係を維持するだけでなく、お互いの臣民にとって利益的なあらゆる種類の商業活動を積極的に奨励するであろうことも通達する。……

（ヨーロッパ）諸列強は、バルバリア諸領がすべての文明国で定着している法と慣習を尊重するのを望むだけである。もし、バルバリア諸領が他国の商業を好きなように脅かすならば、全ヨーロッパとの軍事的衝突は避けられないであろう。……

このように重要で最優先の事柄については、口頭での約束では十分ではない。お互いの航行や商業の安全に対して神聖な行動がなされるべきであり、我々が文書で表明したように、回答も貴殿の印章をもって（文書で）なされることを期待している。

（前掲書）

通告書では、ヨーロッパによる軍事同盟の結成と貿易の活性化というムチとアメを使って、北アフリカ諸領に「バルバリア海賊」の廃絶を迫っている。また、要求に対する回答は口頭ではなく、公式な文書によって行うように求めている。

なお、スミスの告発文と同じように、「バルバリア海賊」の廃絶を求める根拠として、海賊行為が人道性と商業活動の自由を脅かしている点を挙げている。

フリーマントルとジュリアンは、アルジェ領、チュニス領、トリポリ領のデイおよびベイに、それぞれアーヘン会議の議定書とこの通告書を提示し、ヨーロッパを代表して「バルバリア海賊」の廃絶を要求する。

それでは、このヨーロッパの要求に対するデイやベイの反応はどのようなものだったのだろうか。その反応を確認していこう。

アルジェの反論

一八一九年九月三日、英仏艦隊はアルジェ沖に到着する。フリーマントルとジュリアンは、アルジェ駐在領事を介してフセイン・デイに接見を申し入れ、二日後の五日、デイとの交渉に臨む。

フリーマントルとジュリアンの報告書によれば、交渉は以下のように行われたという。フリーマントルとジュリアンは、アラビア語とトルコ語に翻訳した議定書と通告書をフセイン・デイに手渡した。

会見当初の友好的なムードは一変し、それらの文書に目を通したデイは、「根拠なく、このような表現がなされるのは大変な驚きである。……自らのデイへの即位以来、ここに書かれているような事態はアルジェでは生じていない。この表現はまったく無用である」と述べる。

フリーマントルとジュリアンは、たしかに現在はアルジェ領とヨーロッパ諸国との間で平和は保たれているが、今回の決定は、ヨーロッパの平和を乱した前任者の振る舞いに対する不満に基づいており、ヨーロッパ諸国は、将来にわたって平和が保たれるために「バルバリア海賊」の廃絶を要求していると返答する。

デイは、アルジェ領とヨーロッパ諸国との平和を今後も維持していくことを約束するが、もしヨーロッパのある国が冒瀆や不正を行った場合でも、アルジェ領はその国に対して戦争をしたり、被害の補償を求めたりすることもできないのかと問いただす。

図5―15　フセイン・デイ

フリーマントルとジュリアンは、そのような場合には宣戦布告や補償を要求することができるが、そのような戦争や補償追求の名目で、アルジェ領がヨーロッパに軍事的な脅威を与える状況が生まれるのではないかと疑念を示す。さらに、ヨーロッパの要求は、商業活動とすべてのヨーロッパ国民の将来にわたる安全を確立することが目的であると繰り返す。

デイは、中立国が理由なく脅かされることは決してないと答え、フリーマントルとジュリアンから伝えられたヨーロッパの意図には同意するとしたが、その同意を文書で回答することは拒む。

四日後の九日、二回目の会見が行われた。

デイは、フリーマントルとジュリアンに対して、アルジェ領は交戦権を放棄すべきだと要求しているのかと詰問する。フリーマントルとジュリアンは、そのような質問は今回の交渉とは無関係であると答えながらも、不正な宣言に基づく戦争は、ヨーロッパ諸国との軍事的衝突を引き起こすと警告する。

デイは、ヨーロッパの要求は結局のところ、アルジェの軍備をすべて廃棄し、まったく不能な状態にしろと宣言しているに等しいと主張する。これに対して、フリーマントルとジュリアンは、ヨーロッパ国民の平穏な商業を脅かさなければ、他国と同様に軍備を保持することはできると返答する。

デイは、和平を結んでいるヨーロッパ諸国との条約はすべて確実に守ることと彼らを脅かすために軍事力を使うことはないと宣言するが、敵か味方かを知るために例外なくすべての船舶を臨検し、規定された書類を持たなければその船舶や財産を没収する権利は保持すると主張する。

これに対してフリーマントルとジュリアンは、そのような行為こそがヨーロッパの船舶に大きな時間と経済的浪費をもたらしていると述べ、そのような行動は認められないと主張する。そして、もし、アルジェ領がヨーロッパの商業活動に対する海賊行為を継続するならば、ヨーロッパ諸国による軍事行使は免れえないだろうと警告する。

二回目の会見でも、結局、デイが「バルバリア海賊」の廃絶を認める文書を提出することはないまま、交渉は終わる。フリーマントルとジュリアンはアルジェを離れ、次の目的地のチュニスへと向かう。

なお、デイが文書で回答しなかった理由として、アルジェ駐在のフランス領事ドゥバルは後日、本国に対して、デイが「この交渉の裏になにかヨーロッパによる罠が隠されているのではないかと恐れ」、ヨーロッパの要求を額面どおりには受け取っていなかったと報告している。つまり、「バルバリア海賊」の廃絶に同意して武装解除させられたあとに、ヨーロッパ諸国によるアルジェへの侵略が行われるのではないかと懸念していたと考えられる。

チュニスの反論

九月二四日、フリーマントルとジュリアンはチュニスに到着し、チュニス駐在領事を介してマフムード・ベイとの接見を求める。

三日後の二七日、フリーマントルとジュリアンはチュニスの宮殿に赴く。ベイは大きなソファーにすわり、息子たちや大臣など主要な役人とともに彼らを受け入れた。

ベイは、フリーマントルとジュリアンからアラビア語に翻訳された文書などを受け取り、

図5—16　マフムード・ベイ

息子たちに渡した。フリーマントルとジュリアンに椅子《いす》が与えられ、コーヒーが運ばれた。しばらくして、席を外していたベイの息子が戻り、ベイと話をしたあと、ベイは、フリーマントルとジュリアンに対して、要求文をよく理解していないので考える時間が必要であると述べた。

　二日後の二九日、会合での約束のとおり、マフムード・ベイは、ヨーロッパからの「バルバリア海賊」廃絶の要求に対して文書で回答を送る。

　回答書の主要部分は次のとおりである。

　　理由も正義もなく、すべての慣習を無視し、条約を踏みにじる者たちは、盗賊または海賊と呼ばれる。神のご加護により、あなた方の手紙に相当するような慣習の無視や条約の侵害を我々が行ったことやそのような話を聞いたことはまったくない。……

　　すべての人が知っているように、戦争中の二国間ではお互いに相手に損害を与えようとする。我々はナポリやシチリアやサルデーニャやローマとは戦争中であり、彼らが我々の船舶や財産を奪うのと同様に、我々も彼らに対してそのように行動する。……あなた方は、我々に船舶を廃棄するように強いることに関して、すべてのヨーロッパ列強が同意し、もし我々がそれに同意しなければ、（ヨーロッパ）諸列強は武器を取り、そうなれば取り返しがつかない事態に陥るという。

これに対して、我々は次のように答える。

我々は、長期にわたり、船舶にまったく装備を施しておらず、敵に対してまったく害を与えていない。我々は、これまでまったく武器を取ろうと考えたことはない。しかしながら、我々が誰かから害を与えられたときには、持てる力のすべてをもって自分自身を守るであろう。なぜなら、誰もが自らの地位や名誉がただ侵されるのを黙って耐えることはできないからである。このことは我々の宗教によっても規定されており、それを無視することはできない。

すべての政府は、海上や陸上において好意的でない人々から自国を守らなければならない。どのようにしたら、船舶を武装してはならないというあなた方の要求に我々が同意することができるのであろうか。オスマン帝国と他国の間で戦争が生じ、帝国を支援するために船舶を武装せよと帝国が要求したときに、どのように答えたらよいのだろうか。

これがあなた方への回答のすべてであり、真実である。どのような動機であれ、もし

あなた方が不当に振舞い、我々に害を与えようとするのであれば、全能の神が我々をお守り下さるであろう。（前掲書）

ベイの回答書は、ヨーロッパの通告に対する真っ向からの反論である。「バルバリア海賊」を廃絶せよというヨーロッパの要求に対して、マフムード・ベイは、アルジェのデイと同様に、指摘されるような不正行為は行っておらず、海賊と呼ばれるいわれはないこと、また、自衛のために武装は放棄しないことを宣言している。

なお、マフムード・ベイも、「バルバリア海賊」の廃絶を求めるヨーロッパの要求に疑いの目を向けていた。

チュニス駐在のフランス領事デュボワーズは、ベイがフリーマントルとジュリアンによる今回の使節を「チュニスに対するより大きく組織的な計画を実施する前触れ」と受け取っていたことを本国に報告している。アルジェと同様に、ヨーロッパによる何らかの策略と考えていたのである。

一八三〇年の解決

一方、トリポリ領のベイは、文書で「バルバリア海賊」の廃絶を了承したものの、結局、アルジェ領のデイとチュニス領のベイは、文書での承諾を拒絶した。ただし、このあと、ヨーロッパ諸国が同盟を形成し、アルジェやチュニスを攻撃するということはなかった。チュニスでは、すでに海賊の活動は行われておらず、アルジェでは、散発的にヨーロッパへの攻撃が行われたものの、実質的には、すでに「バルバリア海賊」は沈静化していたのである。

　そして、一八三〇年、名実ともに「バルバリア海賊」は終焉することになる。

一八三〇年六月一四日、デュペレ提督率いる三万七〇〇〇人のフランス軍が、アルジェ近郊のシディ・フルージュ湾に上陸し、アルジェに向かって進軍を開始する。かつてのフセイン・デイの懸念が現実となったのである。

図５—17　フランス軍のアルジェ侵攻

アルジェ領の軍は、フランス軍の圧倒的な兵力を前に後退を余儀なくされ、七月五日、アルジェは、フランスに降伏した。それは、以後一三〇年余りにわたって続くフランスのアルジェリア植民地支配の始まりであった。

　一方、アルジェ侵攻から二ヵ月後の一八三〇年八月、チュニス領のフセイン・ベイは八項目からなる新条約をフランスと締結した。

同条約において、一八一九年の通告行動では文書で回答しなかった「バルバリア海賊」の廃絶が規定された。さらに、チュニス領海での珊瑚漁の独占権をフランスが獲得し、ベイによるオリーブ油の専売制を禁止するなど、フランスがチュニス領の経済に大きな影響力を及ぼしていく条件も付け加えられた。

なお、一八三〇年の条約は、フランスとチュニス領の相互的な規定に基づく条約ではなく、チュニス領による片務的な義務の受諾であった。フランス人研究者のダニエル・パンザックは、一八三〇年の条約について、「海軍力によってヨーロッパ列強がアフリカ・アジア諸国に課した一九世紀最初の不平等条約」であったという指摘をしている。

こうして、アルジェ領ではフランス軍の侵攻という軍事的手段によって、チュニス領ではフランスとの「不平等条約」の締結という外交的手段によって、一八三〇年、ついに「バルバリア海賊」は終焉する。それは、古代から続いてきた地中海の海賊の終焉でもあった。

第6章　現代と海賊

ソマリア海賊の出現

二一世紀に入り、海賊の存在がにわかに現実問題として注目を集めることになった。インド洋ソマリア沖の海賊である。

ソマリア連邦共和国は、一九九〇年代初頭に内戦が激化し、一九九三年には、国連平和維持活動（ＰＫＯ）の一環としてアメリカを中心とする多国籍軍が介入する事態となった。しかし、多国籍軍はソマリアで激しい攻撃に遭い、一九九五年には完全撤退を余儀なくされる。その後、ソマリアでは内戦が継続し、政府機能が停滞したまま、国際社会からは「破綻国家」あるいは「失敗国家」と呼ばれるに至るのである。

一九九〇年代後半以降、そのソマリア沿岸部から迫撃砲や自動小銃で武装した小型船が、ソマリア北方のアデン湾やソマリア沖を航行する船を襲うようになる。二〇〇〇年代中頃には、タンカーや大型船など船足の遅い船舶が襲撃される事件が多発し、国際的な問題となっ

図6―1　ドイツ海軍に拿捕されるソマリア海賊（2009年）

た。

　たとえば、二〇〇八年には、この海域で一一一件の海賊事件が発生し、四二隻の船舶が拿捕され、八一五人が人質になっている。ソマリア海賊は、ねらいをつけた船に高速小型船で接近し、発砲しながら停船を命じ、ハシゴなどを引っかけて船に乗り移り、乗組員を人質として連れ去るという。まさに、現代の海賊である。

　アデン湾やソマリア沖は、スエズ運河を経由して地中海とインド洋を結ぶ重要な航路である。日本にとっては、中東からの原油輸送の海上輸送ルートでもある。

　ソマリア海賊による被害の広がりに、各国は、自国船の安全確保のために海軍を派遣する。本来であれば、海賊の根拠地のある当該国が海賊の取り締まりを担うことが望ましいが、「破綻国家」であるソマリア政府には、その実行は困

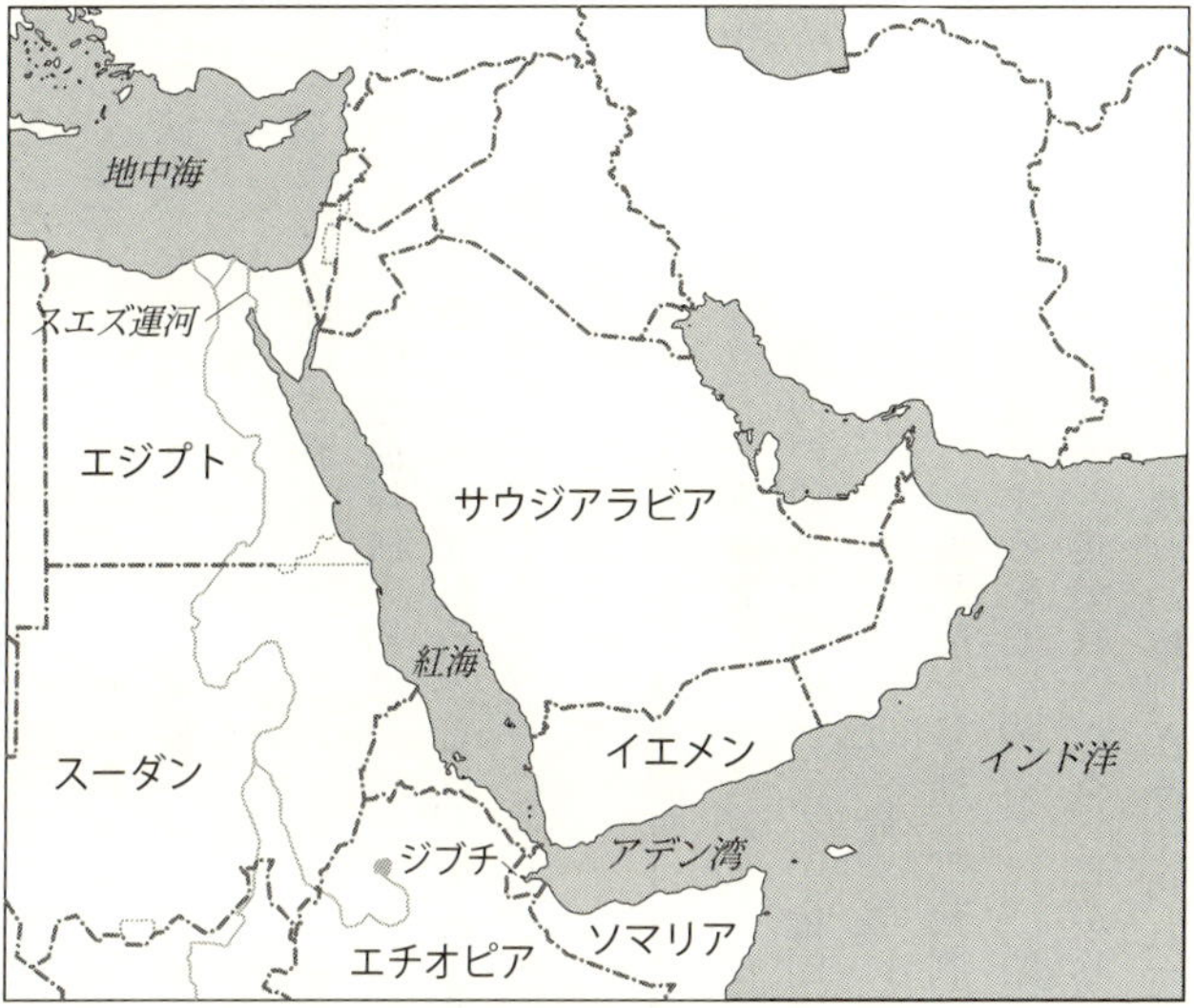

図6―2　ソマリア近海の地図

難であった。すなわち、主権国家体制としてのウェストファリア体制のほころびによって、現代において再び海賊が出現したのである。

ソマリア海賊に対処するため、アメリカやイギリス、ロシアなどに続き、日本も、二〇〇九年に海上自衛隊の護衛艦を派遣し、また、「海賊行為の処罰及び海賊行為への対処に関する法律」いわゆる海賊対処法を制定した。

国際法上の海賊

国際法において、海賊行為を禁止する規定が明文化されたのは、「バルバリア海賊」が姿を消した一九世紀以降である。

私掠行為については、一八五六年に

パリ宣言が採択され、ヨーロッパ諸国間において私掠行為の禁止が定められた。さらに、一九〇七年のハーグ平和会議で、民間船が戦争行為に加わることを禁止する条約が締結され、国際法上、私掠行為すなわち民間船による国家公認の海賊行為は禁止されることになった。

一方、一般の海賊行為については、第一回国連海洋法会議を受けて、一九五八年に公海に関する条約が締結され、公海における海賊の定義や対処が規定された。同条約は、一九八二年に制定された国連海洋法条約に受け継がれている。

現在、国際法における海賊行為とは、公海上やいずれの管轄権も及ばない場所において、「私有の船舶又は航空機の乗組員又は旅客が私的目的のために行うすべての不法な暴力行為、抑留又は略奪行為」と定義される。

すなわち、現代の国際法における海賊行為とは、領海内における国内犯罪や国家が行う戦争行為とは異なり、公海などにおける私的目的のための私的存在による暴力行為を指すのである。それは、暴力の独占を前提とする主権国家体制においては認められざる存在である。

そして、国際法上、すべての国は、最大限に可能な範囲で海賊行為の抑止に協力することが求められ、各国には、海賊船を拿捕し、裁判にかける権利が認められている。

一般に、公海を航行する船舶に関しては、船籍を持つ国が管轄権を有し、その国の法律が適用されるという旗国主義が取られる。しかし、この原則に反し、海賊船に対しては、すべての国に取り締まりと裁判の権利が与えられているのである。いうなれば、海賊は、「人類共通の敵」として、国際法における例外的存在になっているのである。

近代国際秩序の形成

アメリカの歴史家ジャニス・E・トムソンは、主権国家体制という近代の国際秩序の形成に、海賊の存在が大きく寄与したと指摘する。

トムソンによれば、一七世紀と一八世紀には、イングランドやフランス、オランダなどが主権国家として国際的に独立した地位を築くにあたって、私掠という名目の海賊行為が有用であったという。イングランドなどによる私掠は、スペインの政治経済的な覇権を阻止し、結果的に、ヨーロッパ諸国が競合する国際秩序を作り出したのである。

ただし、私掠行為の奨励は、戦争後には海賊の蔓延を招き、さらに、海賊の存在は自国の貿易や植民地経営にも悪影響をもたらすようになる。このため、イングランドやフランスなどは、自国の海軍を強化して私掠船への依存度を低減していく。

それでも、一八世紀までは、戦争時には私掠は認められたが、一九世紀以降は、ついに私掠行為は姿を消す。国際法上も私掠行為が禁止されたことは、すでに指摘したとおりである。いうなれば、国家による暴力の独占が、海上においても進んだのである。

なお、トムソンは、そうした国家による暴力の独占は、意図した結果というよりも、各国が現実の問題に対処しようとした結果、事後的に生じた事象であると説明している。

トムソンの議論をまとめれば、一七・一八世紀には、私掠としての海賊の存在がスペインの覇権を阻止して競合的な主権国家から編成される国際秩序を生み出すのに貢献し、また、その後は、海賊の発生を抑制するため、海上でも国家による暴力の独占が進み、主権国家体制が強化されたことになる。この二つの面で、海賊の存在は、近代の主権国家体制の形成に寄与したのである。

以上のようなトムソンの議論に加えて、海賊の存在が近代の国際秩序に影響をもたらしたもうひとつの面を提起しておきたい。それは、海賊の廃絶に関するヨーロッパ諸国の協調が国際社会の発展に寄与したという面である。

第五章で見たとおり、「バルバリア海賊」の廃絶は、一九世紀初頭のウィーン体制の枠組みにおいて、ヨーロッパの大国間で協議され、決議されるに至った。ウィーン体制の特徴のひとつは、会議外交をはじめとする大国の協調にあるが、「バルバリア海賊」問題は、まさにその成果であった。

アメリカの歴史家ポール・W・シュローダーは、ヨーロッパにおける一八世紀の国際秩序が、覇権戦争の続く競争的な力の均衡に基づいていたのに対して、一九世紀の国際秩序が、大国の協調による「政治的均衡」に基づいていたと特徴づけている。

シュローダーが指摘する一九世紀初頭の国際秩序の変化は、「バルバリア海賊」をめぐる外交にも見いだすことができる。一八世紀までは、ヨーロッパ各国は、それぞれ個別に北アフリカ諸領と条約を結ぶという競争的関係であったのに対し、一九世紀初頭には、「バルバリア海賊」問題に対処するため、ヨーロッパ諸国が協議し、廃絶を決議し、その決定を共同の名で北アフリカ諸領に通告するという協調的関係に変化した。いうなれば、アウトローとしての海賊の存在がヨーロッパ諸国に協調を促し、国際社会の形成に寄与したのである。

ただし、それは同時に、国際社会と非国際社会の境界線を引く結果となった。つまり、ヨーロッパにおける国際社会の形成は、非ヨーロッパの北アフリカ諸領を国際社会外の存在として扱う国際秩序を生み出したのである。実際、「バルバリア海賊」廃絶の会議に、北アフリカ諸領やオスマン帝国は参加しておらず、その決定が一方的に通告されただけであった。

オーストラリアの国際政治学者のヘドリー・ブルは、国際政治を単なる力の均衡状態として見るのではなく、国際的な共通規範や共通利益の存在に注目し、一定の社会的状態にあると認める国際社会論と呼ばれる議論を展開した。先に見たシュローダーの一九世紀国際秩序ともつながる議論である。

一方、イギリスの国際政治学者エドワード・キーンは、国際社会論を受け入れながらも、国際社会の発展史における別の側面を指摘する。すなわち、ヨーロッパ内では、「寛容」の原理に基づき、お互いの主権を尊重する国際社会が発展したのに対して、国際社会外の非ヨーロッパに対しては、「寛容」の原理は適用されず、「文明化」の原理に基づき、規範やルールが強要されたと指摘するのである。それは、同じ一九世紀に、ヨーロッパにおける国際社会の発展と非ヨーロッパへの植民地化が同時に生じたことを説明している。

第五章で見た「バルバリア海賊」の廃絶は、まさに「文明化」のプロセスのひとコマでもある。「国際社会」としてのヨーロッパでの決定に基づき、北アフリカ諸領には一方的に廃絶の通告がなされたのであり、さらには、一八三〇年のフランスによるアルジェ侵攻とその後の植民地支配へと至るのである。

パクス・ロマーナの下で、「海賊は人類共通の敵」といったのはキケロであったが、パクス・ロマーナとは、いいかえると、ローマによる覇権にほかならない。同じ観点からいえば、一九世紀初頭の地中海は、ヨーロッパの覇権が確立し、そのもとで、「文明化」の原理に基づいて「バルバリア海賊」が廃絶されたと見ることができる。

海賊とテロリズム

二〇〇一年九月一一日のアメリカ同時多発テロ事件のあと、アメリカでは、「バルバリア海賊」の歴史が注目を集めた。一八世紀末から一九世紀初頭のアメリカの「バルバリア海賊」問題への対応と二一世紀の対テロ戦争が重ね合わされて論じられたのである。

たとえば、イギリスの歴史家のポール・ジョンソンは、一〇月九日付のウォールストリートジャーナル紙で、「アメリカには、テロ支援国との戦争を遂行する以外の選択肢はない」と論じているが、その説明として、かつての「バルバリア海賊」問題に対するアメリカの毅然とした対応に言及している。

また、二〇〇三年に出版されたジョセフ・ウィーランの『ジェファーソンの戦争――アメリカ最初の対テロ戦争一八〇一〜一八〇五』では、アメリカの行動によって、地中海では「バルバリア海賊」というテロから解放されたとし、トリポリ戦争をアメリカ最初の対テロ戦争に位置づけている。

そのほかにも、「バルバリア海賊」をめぐるアメリカ外交に関する論文や書籍の発表が相次いだ。その多くは、「バルバリア海賊」問題をめぐるアメリカ外交と現代の対テロ戦争を直接的あるいは暗喩的に結びつけ、「バルバリア海賊」問題をアメリカの対テロ戦争の起源と見なして、アメリカの積極的な行動を評価し、促しているのである。

海賊とテロリズムを結びつける思考の背景として、国際秩序の攪乱者《かくらん》という両者に共通する性質を見いだすことができる。海賊もテロリストも、国際社会に反する「人類共通の敵」であり、その根絶が目指されるのである。そして、アウトローすなわち法の外の存在である海賊やテロリストに対しては、鎮圧のための暴力は正当化され、容赦のない軍事作戦が展開されることになる。

もちろん、一九世紀とは異なり、現代の国際社会は、非ヨーロッパを包摂し、地球大の規模に拡大している。その意味では、現代は、もはやヨーロッパの覇権ではなく、「国際社会」の覇権とでもいうべき状況に変化している。

ただし、ここで再び、「大王と海賊」のエピソードを思い出したい。アウグスティヌスが指摘するとおり、正義を欠いていれば、大王も海賊も本質的に違いはないのである。海賊もテロリズムも、暴力性という側面に注目すれば、当然ながらその存在は否定されなければならない。ただし、海賊を悪としてすべてを済ましてしまうのではなく、「国際社会」というわれわれの側も、本当に公正といえる秩序であるのかどうか、常に意識的でなければならない。単に、大きな権力をもって世界を支配するだけの大王では、海賊となんら変わりはないのである。

海賊の二面性

船を襲撃し、町を掠奪するという暴力的な側面が、海賊に存在するのはたしかである。現代の人道的な観点から見れば、海賊行為はとうてい許されるべきものではない。

ただし、われわれが海賊に魅力を感じるのは、そのような暴力性にではなく、海賊の持つもうひとつの側面にであろう。それは、逆説的であるが、秩序に対する反逆者としての側面であり、国家に対する個人としての側面であり、管理に対する自由としての側面である。

海賊の歴史は、本書で見てきたとおり、既存の支配秩序に対する反逆という要素をしばしば伴ってきた。セクストゥス・ポンペイウスの戦いやイングランドの私掠などがそれである。さらには、カリブ海における「海賊共和国」など、身分制に基づいた国家からの自由を志向する海賊も現れた。

そもそも、現代のわれわれが宇宙の果てに思いをめぐらせるように、これまで人類は海洋の果てにさまざまな思いをめぐらせてきたのである。人間にとって、海は、どこまでも広がる未知の世界であった。そして、それぞれの時代に、人びとは成功への野心や冒険心に従い、あるいは社会的束縛からの解放を求めて海に乗り出し、自らの人生を賭けてきたのである。その試みのひとつが海賊であった。

海賊のこの側面こそ、どんな時代にあっても人びとを惹《ひ》きつけ、そこに憧れや情熱を抱かせる要因であるように思われる。海賊たちは、未知の世界である海の向こう側に、成功や名誉、冒険、自由を求めてきたのである。

海を拠《よ》り所に何者にもとらわれず、勝手気ままに振る舞う海賊の姿は、さまざまなしがらみのなかで生きるわれわれにとっては、ときに憧憬の対象となる。海賊も海賊的生き方も今日ではもはや存続しえないからこそ、われわれはそこに憧れを抱くのである。

そして、人間の管理がますます進む現代である。本来的に人間が自由を求める存在である以上、われわれにとって、海賊は、反逆や解放、自由を想起させる存在としてこれからも生き続け、海賊の歴史も繰り返し読み継がれていくことになるだろう。

おわりに

本書では、海賊という存在に着目しながら、大づかみに各時代の特徴を把握し、古代から現代まで世界史の展開をたどってきた。幅広い読者を想定し、できるだけわかりやすく歴史の流れを描いたつもりであるが、その評価は読者に委ね、いまは、至らぬ点へのご批判も含めて、みなさまからのご意見を待つばかりである。

海賊の歴史については、これまでさまざまな研究がなされ、関連書もすでに数多く出版されている。本書のなかで、わずかでも筆者のオリジナルな研究成果といえるのは第五章や第六章の一部に限られており、ほとんどの内容はこれまでの先行研究の蓄積に基づくものである。主要な参考文献は、本書で引用した文献を中心に巻末に掲載した。

本書の出版にあたり、中公新書編集部の酒井孝博さんをはじめ、多くの方からご助力を得ました。また、これまでお世話になった先生方はたいへん多いですが、とくに、阪上孝先生と峯陽一先生のお二人との出会いがなければ、現在のような立場で本書を出版する機会は得られなかったと思います。

そして、日本やアルジェリア、チュニジアなどで出会った友人たち、家族や同僚、学生たちにも、ささやかながら出版の報告ができることをうれしく思います。
あらためて、みなさまからの助言や励ましに感謝申し上げます。本当にありがとうございました。

桃井　治郎

【第５章】
青木前掲書
堀元美『帆船時代のアメリカ』朝日ソノラマ，1996年
桃井治郎『「バルバリア海賊」の終焉』中部大学，2015年
スタンリー・レーン・プール前掲書
Allen, Gardner W., *Our Navy and the Barbary Corsairs*, Hamden, Archon Books, 1965.
Dupuy, Emile, *Américains & Barbaresques 1776-1824*, R. Roger et F. Chernoviz, 1910 (reprint editions, Bouchène, 2002).
London, Joshua E., *Victory in Tripoli: How America's War with the Barbary Pirates Established the U.S. Navy and Shaped a Nation*, John Wiley & Sons, 2005.
Panzac, Daniel, *Les Corsaires Barbaresques: la Fin d'une Épopée 1800-1820*, CNRS Editions, 1999.
Perkins, Roger & Douglas-Morris, Captain K, *Gunfire in Barbary*, Kenneth Mason, 1982.

【第６章】
ヘドリー・ブル『国際社会論』臼杵英一訳，岩波書店，2000年
防衛知識普及会編『海賊対策』内外出版，2009年
桃井前掲書
Keene, Edward, *Beyond the Anarchical Society: Grotius, Colonialism and Order in World Politics*, Cambridge University Press, 2002.
Thomson, Janice E., *Mercenaries, Pirates, and Sovereigns: State-Building and Extraterritorial Violence in Early Modern Europe*, Princeton University Press, 1994.
Wheelan, Joseph, *Jefferson's War: America's First War on Terror 1801-1805*, Carroll & Graf Publishers, 2003.

著者撮影　図１－４，図１－10，図１－11，図１－12，図２－１，図２－４，図２－５，図２－９，図３－３，図３－４，図３－７，図３－８，図３－10，図３－18，図４－２，図４－10，図４－13，図４－16，図４－17，図５－13
ロイター／アフロ　図６－１

地図制作　関根美有

Barberousse, Éditions Grand Alger Livres, 2006.
Wolf, John B., *The Barbary Coast: Algeria under the Turks*, Norton, 1979.

【第４章】

青木栄一『シーパワーの世界史１』出版協同社，1982年
石島晴夫『カリブの海賊ヘンリー・モーガン』原書房，1992年
ネヴィル・ウィリアムズ『ドレイク』向井元子訳，原書房，1992年
ジョン・エスケメリング『カリブの海賊』石島晴夫編訳，誠文堂新光社，1983年
国本伊代『概説ラテンアメリカ史』新評論，1993年
ガブリエル・クーン『海賊旗を掲げて』菰田真介訳，夜光社，2013年
Ｊ・Ｍ・ケインズ『ケインズ説得論集』山岡洋一訳，日本経済新聞出版社，2010年
クリストーバル・コロン『コロンブス航海誌』林屋永吉訳，岩波文庫，1977年
コロンブス『全航海の報告』林屋永吉訳，岩波文庫，2011年
チャールズ・ジョンソン『海賊列伝』朝比奈一郎訳，中公文庫，2012年
杉浦昭典『海賊キャプテン・ドレーク』中公新書，1987年
高林秀雄『領海制度の研究（第二版）』有信堂高文社，1979年
別枝達夫『キャプテン・キッド』中公新書，1965年
ホッブズ『リヴァイアサン』（中公クラシックス）永井道雄・上田邦義訳，中央公論新社，2009年
増田義郎『コロンブス』岩波新書，1979年
―――『略奪の海カリブ』岩波新書，1989年
増田義郎・山田睦男編『ラテン・アメリカ史Ｉ』山川出版社，1999年
サミュエル・モリスン『大航海者コロンブス』荒このみ訳，原書房，1992年
ラス・カサス『インディアスの破壊についての簡潔な報告』（改版）染田秀藤訳，岩波文庫，2013年
ウッズ・ロジャーズ『世界巡航記』平野敬一・小林真紀子訳，岩波書店，2004年

【第2章】
アウグスティヌス前掲書
井筒俊彦『イスラーム生誕』中公文庫，2003年
佐藤次高編『イスラームの歴史 1』山川出版社，2010年
高山博『中世シチリア王国』講談社現代新書，1999年
橋口倫介『十字軍』岩波新書，1974年
―――『十字軍騎士団』講談社学術文庫，1994年
バラーズリー『諸国征服史 1』花田宇秋訳，岩波書店，2012年
松谷健二『ヴァンダル興亡史』中公文庫，2007年
Enan, Muhammad Abdullah, *Decisive Moments in the History of Islam*, Sh. Muhammad Ashraf, 1943.
Kaminiates, John, *The Capture of Thessaloniki*, translated by David Frendo and Athanasios Fotiou, Australian Association for Byzantine Studies, 2000.
Lewis, A. R. and Runyan, T. J., *European Naval and Maritime History, 300-1500*, Indiana University Press, 1990.
Liudprand of Cremona, *The Complete Works of Liudprand of Cremona*, translated by Paolo Squatriti, The Catholic University of America Press, 2007.
Procopius, *History of the Wars*, Volume III, translated by H. B. Dewing, Harvard University Press, 1916.

【第3章】
岩根圀和『物語 スペインの歴史』中公新書，2002年
江村洋『カール五世』東京書籍，1992年
セルバンテス『ドン・キホーテ』牛島信明訳，岩波文庫，2001年
ニッコロ・マキアヴェッリ『君主論』佐々木毅訳，講談社学術文庫，2004年
スタンリー・レーン・プール『バルバリア海賊盛衰記』前嶋信次訳，リブロポート，1981年
Courtinat, Roland, *La piraterie barbaresque en Méditerranée*, Éditions Jacques Gandini, 2003.
Diego de Haëdo, *Histoire des Rois d'Alger*, Editions G.A.L, 2004.
Garnier, Édith, *L'Alliance impie: François 1er et Soliman le Magnifique contre Charles Quint*, Édition du Félin, 2008.
Sinân-Chaouch, *Fondation de la Régence d'Alger, Histoire des Frères*

参考文献

【全般】
小島敦夫『海賊列伝』誠文堂新光社，1985年
フィリップ・ゴス『海賊の世界史』朝比奈一郎訳，中公文庫，2010年
デイヴィッド・コーディングリ編『図説 海賊大全』増田義郎・竹内和世訳，東洋書林，2000年
フィリップ・ジャカン『海賊の歴史』後藤淳一・及川美枝訳，創元社，2003年
ユベール・デシャン『海賊』田辺貞之助訳，白水社，1965年
リチャード・プラット『海賊事典』朝比奈一郎訳，あすなろ書房，2006年
別枝達夫『海賊の系譜』誠文堂新光社，1980年
増田義郎『図説 海賊』河出書房新社，2006年

【第１章】
アウグスティヌス『神の国』服部英次郎・藤本雄三訳，岩波文庫，1982～91年
キケロー「国家について」『キケロー選集８』岡道男訳，岩波書店，1999年
――――「義務について」『キケロー選集９』中務哲郎・高橋宏幸訳，岩波書店，1999年
ノーム・チョムスキー『テロの帝国アメリカ――海賊と帝王』海輪由香子ほか訳，明石書店，2003年
トゥーキュディデース『戦史』久保正彰訳，岩波文庫，1966～67年
F・パーキンソン『国際関係の思想』初瀬龍平・松尾雅嗣訳，岩波書店，1991年
長谷川博隆『ハンニバル』講談社学術文庫，2005年
プルタルコス『プルタルコス英雄伝』村川堅太郎編，ちくま学芸文庫，1996年
ヘロドトス『歴史』松平千秋訳，岩波文庫，1971～72年
ホメーロス『イーリアス』呉茂一訳，岩波文庫，1953～58年
――――『オデュッセイアー』呉茂一訳，岩波文庫，1971～72年

桃井治郎（ももい・じろう）

1971年，神奈川県に生まれる．筑波大学第三学群社会工学類卒業，中部大学大学院国際関係学研究科中退．博士（国際関係学）．中部高等学術研究所研究員，在アルジェリア日本国大使館専門調査員などを経て，現在，中部大学国際関係学部准教授．専攻・国際関係史，マグレブ地域研究，平和学．

著書『アルジェリア人質事件の深層——暴力の連鎖に抗する「否テロ」の思想のために』（新評論，2015年）
『「バルバリア海賊」の終焉——ウィーン体制の光と影』（中部大学，2015年）
『近代と未来のはざまで——未来観の変遷と21世紀の課題』（共編，風媒社，2013年）

海賊《かいぞく》の世界史《せかいし》
中公新書 *2442*

2017年７月25日発行

著　者　桃井治郎
発行者　大橋善光

本文印刷　三晃印刷
カバー印刷　大熊整美堂
製　　本　小泉製本

発行所　中央公論新社
〒100-8152
東京都千代田区大手町 1-7-1
電話　販売 03-5299-1730
　　　編集 03-5299-1830
URL http://www.chuko.co.jp/

Published by CHUOKORON-SHINSHA, INC.
Printed in Japan　ISBN978-4-12-102442-8 C1222

中公新書刊行のことば

いまからちょうど五世紀まえ、グーテンベルクが近代印刷術を発明したとき、書物の大量生産は潜在的可能性を獲得し、いまからちょうど一世紀まえ、世界のおもな文明国で義務教育制度が採用されたとき、書物の大量需要の潜在性が形成された。この二つの潜在性がはげしく現実化したのが現代である。

いまや、書物によって視野を拡大し、変りゆく世界に豊かに対応しようとする強い要求を私たちは抑えることができない。この要求にこたえる義務を、今日の書物は背負っている。だが、その義務は、たんに専門的知識の通俗化をはかることによって果たされるものでもなく、通俗的好奇心にうったえて、いたずらに発行部数の巨大さを誇ることによって果たされるものでもない。現代を真摯に生きようとする読者に、真に知るに価いする知識だけを選びだして提供すること、これが中公新書の最大の目標である。

私たちは、知識として錯覚しているものによってしばしば動かされ、裏切られる。私たちは、作為によってあたえられた知識のうえに生きることがあまりに多く、ゆるぎない事実を通して思索することがあまりにすくない。中公新書が、その一貫した特色として自らに課すものは、この事実のみの持つ無条件の説得力を発揮させることである。現代にあらたな意味を投げかけるべく待機している過去の歴史的事実もまた、中公新書によって数多く発掘されるであろう。

中公新書は、現代を自らの眼で見つめようとする、逞しい知的な読者の活力となることを欲している。

一九六二年一一月

中公新書

世界史

- 1353 物語 中国の歴史 寺田隆信
- 2392 中国の論理 岡本隆司
- 2303 殷—中国史最古の王朝 落合淳思
- 2396 周—理想化された古代王朝 佐藤信弥
- 2001 孟嘗君と戦国時代 宮城谷昌光
- 12 史記 貝塚茂樹
- 2099 三国志 渡邉義浩
- 7 宦《かん》官《がん》(改版) 三田村泰助
- 15 科《か》挙《きょ》 宮崎市定
- 1812 西《せい》太《たい》后《こう》 加藤徹
- 166 中国列女伝 村松暎
- 2030 上海 榎本泰子
- 1144 台湾 伊藤潔
- 925 物語 韓国史 金両基
- 1367 物語 フィリピンの歴史 鈴木静夫

- 1372 物語 ヴェトナムの歴史 小倉貞男
- 2208 物語 シンガポールの歴史 岩崎育夫
- 1913 物語 タイの歴史 柿崎一郎
- 2249 物語 ビルマの歴史 根本敬
- 1551 海の帝国 白石隆
- 1866 シーア派 桜井啓子
- 1858 中東イスラーム民族史 宮田律
- 1660 物語 イランの歴史 宮田律
- 2323 文明の誕生 小林登志子
- 1818 シュメル—人類最古の文明 小林登志子
- 1977 シュメル神話の世界 岡田明子 小林登志子
- 1594 物語 中東の歴史 牟田口義郎
- 1931 物語 イスラエルの歴史 高橋正男
- 2067 物語 エルサレムの歴史 笈川博一
- 2205 聖書考古学 長谷川修一

中公新書

世界史

- 2050 新・現代歴史学の名著 樺山紘一編著
- 2223 世界史の叡智 本村凌二
- 2267 世界史の叡知 悪役・名脇役篇 本村凌二
- 2253 禁欲のヨーロッパ 佐藤彰一
- 2409 贖罪のヨーロッパ 佐藤彰一
- 1045 物語 イタリアの歴史 藤沢道郎
- 1771 物語 イタリアの歴史 II 藤沢道郎
- 1100 皇帝たちの都ローマ 青柳正規
- 2413 ガリバルディ 藤澤房俊
- 2152 物語 近現代ギリシャの歴史 村田奈々子
- 2440 バルカン―「ヨーロッパの火薬庫」の歴史 M・マゾワー 井上廣美訳
- 1635 物語 スペインの歴史 岩根圀和
- 1750 物語 スペインの歴史 人物篇 岩根圀和
- 1564 物語 カタルーニャの歴史 田澤耕
- 1963 物語 フランス革命 安達正勝
- 2286 マリー・アントワネット 安達正勝
- 2027 物語 ストラスブールの歴史 内田日出海
- 2318 2319 物語 イギリスの歴史(上下) 君塚直隆
- 2167 イギリス帝国の歴史 秋田茂
- 1916 ヴィクトリア女王 君塚直隆
- 1215 物語 アイルランドの歴史 波多野裕造
- 1546 物語 スイスの歴史 森田安一
- 1420 物語 ドイツの歴史 阿部謹也
- 2304 ビスマルク 飯田洋介
- 2434 物語 オランダの歴史 桜田美津夫
- 2279 物語 ベルギーの歴史 松尾秀哉
- 1838 物語 チェコの歴史 薩摩秀登
- 1131 物語 北欧の歴史 武田龍夫
- 1758 物語 バルト三国の歴史 志摩園子
- 1655 物語 ウクライナの歴史 黒川祐次
- 1042 物語 アメリカの歴史 猿谷要
- 2209 アメリカ黒人の歴史 上杉忍
- 1437 物語 ラテン・アメリカの歴史 増田義郎
- 1935 物語 メキシコの歴史 大垣貴志郎
- 1547 物語 オーストラリアの歴史 竹田いさみ
- 1644 ハワイの歴史と文化 矢口祐人
- 518 刑吏の社会史 阿部謹也
- 2368 第一次世界大戦史 飯倉章
- 2442 海賊の世界史 桃井治郎
- 2445 物語 ポーランドの歴史 渡辺克義

中公新書

経済・経営

g 1

- 2000 戦後世界経済史 猪木武徳
- 2185 経済学に何ができるか 猪木武徳
- 1936 アダム・スミス 堂目卓生
- 2123 新自由主義の復権 八代尚宏
- 2374 シルバー民主主義 八代尚宏
- 2228 日本の財政 田中秀明
- 2307 ベーシック・インカム 原田　泰
- 1896 日本の経済―歴史・現状・論点 伊藤　修
- 2388 人口と日本経済 吉川　洋
- 2338 財務省と政治 清水真人
- 2287 日本銀行と政治 上川龍之進
- 2041 行動経済学 依田高典
- 1658 戦略的思考の技術 梶井厚志
- 1871 故事成語でわかる経済学のキーワード 梶井厚志
- 1824 経済学的思考のセンス 大竹文雄
- 2045 競争と公平感 大竹文雄
- 1657 地域再生の経済学 神野直彦
- 2240 経済覇権のゆくえ 飯田敬輔
- 2064 通貨で読み解く世界経済 小林正宏 中林伸一
- 2219 人民元は覇権を握るか 中條誠一
- 2132 金融が乗っ取る世界経済 ロナルド・ドーア
- 2111 消費するアジア 大泉啓一郎
- 2420 フィリピン―急成長する若き「大国」 井出穣治
- 2199 経済大陸アフリカ 平野克己
- 290 ルワンダ中央銀行総裁日記（増補版） 服部正也

中公新書

地域・文化・紀行

t2

- 560 文化人類学入門(増補改訂版) 祖父江孝男
- 741 文化人類学15の理論 綾部恒雄編
- 2315 南方熊楠《みなかたくまぐす》 唐澤太輔
- 2367 食の人類史 佐藤洋一郎
- 92 肉食の思想 鯖田豊之
- 2129 カラー版 地図と愉しむ東京歴史散歩 竹内正浩
- 2170 カラー版 地図と愉しむ東京歴史散歩 都心の謎篇 竹内正浩
- 2227 カラー版 地図と愉しむ東京歴史散歩 地形篇 竹内正浩
- 2346 カラー版 地図と愉しむ東京歴史散歩 お屋敷のすべて篇 竹内正浩
- 2403 カラー版 地図と愉しむ東京歴史散歩 地下の秘密篇 竹内正浩
- 2335 カラー版 東京鉄道遺産100選 内田宗治
- 2012 カラー版 マチュピチュ―天空の聖殿 高野潤
- 2327 カラー版 イースター島を行く―モアイの謎と未踏の聖地 野村哲也
- 2092 カラー版 パタゴニアを行く 野村哲也
- 2182 カラー版 世界の四大花園を行く―砂漠が生み出す奇跡 野村哲也

- 1869 カラー版 将棋駒の世界 増山雅人
- 2117 物語 食の文化 北岡正三郎
- 415 ワインの世界史 古賀守
- 1835 バーのある人生 枝川公一
- 596 茶の世界史 角山栄
- 1930 ジャガイモの世界史 伊藤章治
- 2088 チョコレートの世界史 武田尚子
- 2438 ミルクと日本人 武田尚子
- 2361 トウガラシの世界史 山本紀夫
- 2229 真珠の世界史 山田篤美
- 1095 コーヒーが廻り世界史が廻る 臼井隆一郎
- 1974 毒と薬の世界史 船山信次
- 2391 競馬の世界史 本村凌二
- 650 風景学入門 中村良夫
- 2344 水中考古学 井上たかひこ
- 2444 カラー版 最後の辺境―極北の森林、アフリカの氷河 水越武